Docteur Étienne Jalenques
Préface : professeur Pierre Testas

LA THÉRAPIE DU BONHEUR

•MARABOUT•

« Si c'est ailleurs, c'est ici. »
Shivaïsme du Cachemire

© 1999, éd. Mariette Guéna.
© Marabout / Hachette Livre, 2002, pour la présente édition.

Toute reproduction d'un extrait quelconque de ce livre par quelque procédé que ce soit, et notamment par photocopie ou microfilm, est interdite sans autorisation écrite de l'éditeur.

Sommaire

Remerciements 9
Préface 11

PREMIÈRE PARTIE
Les chemins de ma méthode 13
   À chacun sa vérité 20
   Seul compte le chemin 26
   Une approche affective 30
   Les écoles américaines 34
   Les premiers pas
      de la Dynamique Émotionnelle 39
   Objectif bonheur 45

DEUXIÈME PARTIE
Le bonheur au quotidien 49
  « Au lieu de te plaindre du noir de la pièce,
    va donc chercher une bougie ! » 51
  « S'il y a la soif, c'est qu'il y a de l'eau ».. 55
  Le bonheur se mérite 61

Ne pas confondre risque et danger 68
L'espoir ne fait pas vivre :
   il empêche de vivre ! 73
Ne déclarons pas une guerre
   que nous ne pouvons pas gagner...... 79
On n'aime vraiment que sans condition . 85
La vie, c'est savoir profiter du manque .. 90
Remplissez d'abord votre tonneau :
   l'égoïsme est aussi une qualité 93
Le don doit être gratuit 97
Les fruits ne sont pas pour l'arbre 100
Il faut apprendre aux enfants
   à apprendre 106
Se culpabiliser : très commode,
   mais pas bon ! 112
Ne nous rendons pas « utiles » ! 118
La colère est indispensable 122
Le mensonge est nécessaire 131
Quand l'argent devient une névrose 134
Un petit lion n'en est pas moins lion 139
« Il m'est égal de quitter la table,
   pourvu que j'aie bien dîné » 145
La vie est thérapeutique...
   jusqu'à un certain point 151

TROISIÈME PARTIE
LA DYNAMIQUE ÉMOTIONNELLE
EXPRIMÉE 159
   GUÉRIR LE MAL-VIVRE 162
      LA NÉVROSE, C'EST BIEN MAIS ON PEUT
         TROUVER BEAUCOUP MIEUX 165

LES AVANTAGES DU GROUPE 169
ÊTRE ATTENTIF À SOI 173
« DE L'AIR, DE L'AIR ! » 176
LE SON ET LE CRI COMME MOYENS
    D'INVESTIGATION..................................... 179
REVIVRE SA NAISSANCE :
    PAS OBLIGATOIREMENT 185
LES BIENFAITS DU TOUCHER........................ 189
LA MANTRATHÉRAPIE OU
    L'ANTI-MÉTHODE COUÉ 191
LE JUDO MENTAL :
    NE PAS RÉSISTER AUX RÉSISTANCES........... 201
LES ÉQUATION MENTALES : DES IDÉES REÇUES
    PRISES POUR DES VÉRITÉS........................ 205
LA SURCHAUFFE ÉMOTIONNELLE :
    UN JEU SOUS HAUTE SURVEILLANCE........... 208
APPRENDRE À DEVENIR SON PROPRE
    THÉRAPEUTE.. 212
LA DYNAMIQUE ÉMOTIONNELLE
    DANS L'ENTREPRISE 217
UNE « MÉDECINE » PSYCHOSOMATIQUE ?...... 220
LES RACINES DU MAL 222
L'ÉPANOUISSEMENT PERSONNEL 226
LA RÉVERSIBILITÉ THYMIQUE :
    QUAND LES AUTRES NE FIGURENT PLUS
    UN DANGER... 230
LE DÉVELOPPEMENT PERSONNEL : À LA CHARGE
    DE CHACUN... 231

CONCLUSION
À L'AUBE DU IIIe MILLÉNAIRE... 243

Remerciements

Ces quelques lignes pour témoigner ma gratitude à l'égard de tous ceux que la vie m'a donné de rencontrer. Ma mère, bien sûr ; mes grands-parents qui ont pris le relais de mon éducation ; mon père dont l'absence, dans ses années de fonction, m'a incité à devenir vite adulte... Le professeur André Soulairac, qui m'a permis d'œuvrer dans son service malgré certains aspects peu orthodoxes de mes méthodes... Mon ami Jacques Gagey, analyste éminent et humaniste distingué, qui m'a ouvert les portes de l'université de psychologie de Paris VII, permettant ainsi à la Dynamique Émotionnelle d'exister dans la cité... Mon maître spirituel, Muktananda, le cher « Baba », qui m'a insufflé la grâce et l'énergie de la vie... Tous mes patients qui m'ont littéralement « entretenu » dans ma recherche... Anne-Marie, guerrière infatigable et solitaire, qui m'a accompagné tout au long de la route... Mes enfants dont l'humour m'a si souvent reposé... Tous les parents et amis qui m'ont obstinément soutenu de leur confiance quand je doutais...

Je voudrais ici exprimer toute ma gratitude à Marie-Pierrette Chambre, docteur en psychologie entre autres, qui s'est attelée à la tâche aussi ingrate que considérable de m'aider à mettre de l'ordre dans le fouillis, labyrinthe inextricable avant elle, de mes idées. Nous avons poursuivi des années durant l'élaboration de la théorisation des concepts de la Dynamique Émotionnelle, et sans son concours si précieux, si sûr, si constant, aucun des ouvrages n'aurait sans doute vu le jour. Qu'elle en soit ici « reconnue » à juste titre et à part entière, et que les temps à venir nous permettent de nouveaux ouvrages, pour le plus grand bonheur des lecteurs.

Du fond du cœur,

Étienne.

Préface

Il peut sembler prétentieux et inadéquat qu'un chirurgien, homme de décision et de technique, préface un tel livre, œuvre de réflexion et de discussion. Mais, universitaire, je suis, de ce fait, impliqué dans toute démarche facilitant les rapports humains et la compréhension de l'univers affectif et de ses lois. En outre, mon amitié pour Étienne Jalenques et le souvenir de nos nombreux entretiens ont été de puissantes motivations.

La Thérapie du bonheur est le bilan de plus de quinze années de réflexion et de pratique dans la compréhension de l'affectivité vue au travers du jeu émotionnel. Le livre se propose de conduire le lecteur (chacun d'entre nous) à la maîtrise de sa vie relationnelle et aux sentiments exprimés à soi et à l'autre, au sentiment d'être unique ou, comme le dit Étienne Jalenques, à « l'Être Je ».

Les lecteurs trouveront une description du déroulement des séances de travail en groupe et en individuel, de diverses techniques utilisées en Dynamique Émotionnelle ; mantrathérapie, équations mentales, judo mental, rôle du cri et maîtrise du souffle sont, entre autres, présentés et illustrés de cas cliniques.

Il faut être conscient que nous vivons dans une civilisation où l'aspect relationnel disparaît au profit d'une surmédiatisation destructrice, dans une civilisation où l'émotion est souvent oubliée, décriée, dénigrée, voire bannie. Ce livre apporte des solutions originales et éprouvées par l'expérience, et, prenant souvent le contre-pied des idées reçues, il nous propose une méthode qui devrait intéresser tous ceux que ces problèmes relationnels préoccupent.

Nul mieux qu'Étienne Jalenques ne pouvait écrire un tel livre.

Pierre Testas,
professeur émérite à l'université Paris-Sud,
correspondant de l'Académie nationale de médecine,
membre de l'Académie nationale de chirurgie

PREMIÈRE PARTIE

LES CHEMINS DE MA MÉTHODE

Aussi loin qu'il m'en souvienne, j'ai toujours été thérapeute. Avant même ma naissance, c'était le rôle qui m'était destiné. Six ou huit mois seulement après leur mariage, mes parents traversaient en effet une grave crise conjugale. Pour tenter de se réconcilier et de cimenter leur couple, ils ont décidé d'avoir un enfant. Cet enfant, ce fut moi. Dès ma conception, j'avais donc pour tâche de replâtrer et de rafistoler ce qui ne marchait pas...

Que le lecteur ne se trompe pas sur cette boutade : je ne vais pas lui servir une thèse sur les antécédents génétiques d'une vocation, quelle qu'elle soit ! Et si, pendant quelques pages, je me propose de retracer les grandes lignes d'une enfance et d'une adolescence ballottées d'un endroit et d'un milieu à un autre, ce n'est pas par complaisance autobiographique. Il s'agit simplement, à la lumière d'un exemple personnel, d'entrer dans le vif du sujet, à savoir l'idée que toute vie est un chemin bénéfique de développement personnel, quels que soient les écueils rencontrés ou les avatars qui paraissent modifier notre itinéraire et ne font en réalité que l'améliorer.

L'idée ne m'est pas venue spontanément, comme une révélation, d'apprendre aux gens à s'éloigner du malheur et même d'oser leur proposer quelques moyens de vivre heureux. Je n'ai pas découvert du jour au lendemain le fantastique outil de travail que représentent leurs émotions refoulées, ou le lourd passif des souffrances non admises et génératrices de blocages qui empêchent tant de personnes de vivre le présent au double sens du terme : le présent-maintenant, et le toujours-présent cadeau de la vie.

Comme chacun de vous dans sa propre trajectoire, j'ai dû observer, apprendre, réfléchir et choisir, mais dans un but dynamique et non dans le regret des chances que je n'avais pas eues ou dans la hantise du ratage.

Par ailleurs, il m'a paru que développer des phrases-sésames de bonheur et proposer ensuite une thérapie particulière n'était fiable que si le lecteur pouvait prendre en compte les diverses expériences médicales, universitaires et professionnelles qui me les avaient inspirées. Voilà pourquoi je me permets d'abord de parler un peu de moi, pour mieux, ensuite, vous parler de vous !

* * *

Ma mère eut une grossesse pénible et un accouchement très difficile au forceps. Ma mère me racontait toujours — roman familial — que je ne pesais qu'un kilo et demi à la naissance. Ce n'est qu'un demi-siècle plus tard que j'appris qu'il n'en était rien, mon poids de bébé était tout à fait normal. Mais le message maternel s'était depuis longtemps inscrit dans mon cerveau : elle était la « bonne mère » qui m'avait sauvé, alors que j'étais moribond et que ma nature chétive me rendait inapte à la vie. Ce n'était que grâce à ses soins dévoués que j'avais pu atteindre la taille et la corpulence honorables qui sont les miennes aujourd'hui. Dès ma mise au monde, j'avais donc contracté à son égard une lourde dette dont je n'allais avoir de cesse, dès lors, de m'acquitter.

En fait, le sacrifice et les bienfaits de ma mère furent d'autant plus limités que, ne pouvant m'allaiter, elle avait décidé de me confier à une tante qui avait elle-même donné naissance à une petite fille trois semaines plus tôt. J'eus donc une sœur de lait. Déjà se profile une ligne de force de mon existence, un schéma souvent présenté et sans cesse vérifié chez les autres par la suite : on éprouve un manque cruel, de quelque nature que ce soit, et aussitôt il est comblé par les « hasards » de la vie. La pénurie, puis la profusion.

Détail d'importance, je fus nourri par un lait préparé pour une fille. On ne sait pas assez que le lait de la mère est différent selon le sexe de l'enfant. Cela a peut-être joué dans le sens d'une bipolarité de mon psychisme, mon côté féminin, entendons « maternel », étant sans doute plus développé que chez la moyenne des hommes. Aujourd'hui, mes patients me disent souvent que j'ai avec eux un rapport plus maternel que paternel...

J'eus une enfance agitée, je fus ballotté de maison en maison. Mes jeunes années furent placées sous le signe de la séparation et de la diversité.

Les vertus thérapeutiques de ma naissance s'estompèrent assez rapidement. Mes parents ne parvenaient pas à s'entendre et la rupture menaçait. Mon père diplomate avait épousé ma mère parce qu'elle était riche et jolie et qu'il pensait faire carrière grâce à la situation de son beau-père — mon grand-père —, un banquier « self-made man », homme remarquable et travailleur acharné. De son côté, ma mère s'était mariée très jeune, « au rebond », comme disent les

Américains, c'est-à-dire après une déception amoureuse.

Tout enfant, j'effectuai plusieurs fois la navette entre la France et l'Amérique. Lors d'une de ces traversées sur le paquebot *Normandie*, je fus soudain porté manquant à l'appel. On m'avait perdu... par-dessus bord ? Ma mère, femme adorable au demeurant, était parfois d'une distraction fâcheuse. *Le Normandie* dut stopper son voyage, et une vaste chasse au bambin commença. Un matelot finit par me retrouver dans la salle des machines où j'étais descendu on ne sait comment, au mépris des échelles verticales. Je n'avais alors qu'une quinzaine de mois.

Sans doute pour s'éviter à l'avenir ce genre de tracas, ma mère me confia à ma tante, tandis qu'elle effectuait une ultime tentative pour renouer avec mon père. Quoique délaissé par mes parents, je n'eus pas trop à en souffrir car je me trouvais élevé en compagnie de mes cousines et choyé par une nounou affectueuse, une Auvergnate du nom de Maria.

Bientôt la séparation de mes parents devint officielle. Mon père fut nommé à la Société des Nations, à Genève, puis au consulat général de Londres. Avant l'éclatement de la guerre en 1939, c'est-à-dire jusqu'à l'âge de cinq ans, je ne dus guère le revoir plus de deux ou trois fois.

En contrepartie, j'avais retrouvé ma mère. Nous nous étions installés à Paris, en compagnie de ma fidèle nounou auvergnate. Le soir, ma mère sortait beaucoup, avec de beaux messieurs que je haïssais copieusement, et je restais à suivre sur les murs de ma chambre la ronde des phares de voitures qui tournaient sur la place.

Ne « pouvant » s'occuper correctement de moi, ma mère m'expédia bientôt en Anjou chez sa propre mère, laquelle vivait seule, séparée également de son mari. Dans la famille, au moins du côté maternel, la séparation conjugale était chose courante depuis plusieurs générations. J'en voyais les conséquences désastreuses sur l'entourage et en particulier sur les enfants.

Française née en Algérie, ma grand-mère maternelle était une « *mamma* » méridionale, affectueuse et envahissante comme il se doit. À ses côtés, je m'habituais à vivre séparé des êtres les plus constants de mon enfance : mon père, ma mère et ma nounou. Ma mère passait de temps à autre, à l'improviste, mais ces moments de bonheur étaient toujours trop brefs.

Peut-être pour panser mes propres blessures, j'affirmai très tôt le désir d'être médecin. Dès qu'une cousine ou un camarade de jeux s'égratignait le genou, je me précipitais pour prodiguer les premiers soins. Ma vocation se confirmait.

Bientôt la guerre... l'exode... Nous nous joignîmes à ces files de bicyclettes et de voitures, les matelas ficelés sur le toit, qui fuyaient sous les bombardements allemands. Nous arrivâmes finalement chez des amis de la famille, à cinq kilomètres d'un village tout à fait paisible... qui s'appelait Oradour-sur-Glane !

Après d'autres tribulations, j'habitai chez ma deuxième grand-mère, en Auvergne. Veuve, gentille mais très stricte, elle était « bourrelée » de principes. Mode de vie et paysage psychique avaient encore changé. Je fréquentais les fils et les filles des fermiers des environs, je courais avec eux « au cul des vaches » dont je tirais la queue, toujours en sabots, le long des routes et dans les champs. Je me souviens d'hivers très rigoureux où l'on découpait des lambeaux de papier journal qu'on nous collait à même la peau pour nous protéger du froid, car nous n'avions pas de chauffage.

Ma grand-mère paternelle en mourut bientôt d'une pleurésie. Il fallut me trouver un nouveau toit. Ces déménagements incessants, ces séparations douloureuses n'allaient pas sans tristesse mais, chaque fois, de nouvelles expériences s'annonçaient, m'emplissant de curiosité. Cette fois-ci, on fit appel au banquier de la famille, mon grand-père maternel, qui accepta de me prendre en charge. Il vint me chercher pour me ramener à Paris. On m'envoya l'attendre seul sur le quai de la petite gare la plus proche. Je ne me rappelais plus son visage. Il trouva un gamin de sept ou huit ans, mal fagoté dans un pantalon trop large retenu à la taille par une ficelle. Je me souviens de mon étonnement pendant ce trajet de nuit, lorsqu'un officier allemand et son aide de camp, nos ennemis, nous cédèrent leurs places afin que je puisse m'allonger et dormir. Cette nuit-là, j'appris qu'il y avait aussi de bons Allemands.

À CHACUN SA VÉRITÉ

Pour la première fois, ma vie acquit une certaine stabilité. J'habitais chez mon grand-père maternel dans un bel appartement donnant sur les Tuileries. L'Auvergne était loin.

Paris m'offrait surtout l'occasion de revoir ma mère, qui subvenait maigrement à ses besoins. Elle avait autrefois accompli des études très brillantes, reçue deuxième à HEC-filles, puis élève aux Beaux-Arts... Sans doute avait-elle ainsi cherché à prouver à mon grand-père, lui-même sorti deuxième de HEC, qu'elle égalait bien un homme sans toutefois oser le dépasser. Mais elle fut déçue, car mon grand-père se montra fort peu impressionné par ses résultats.

— Tu n'es pas bête, se contenta-t-il de dire.

Ainsi les diplômes étaient-ils devenus aux yeux de ma mère des « peaux d'âne » sans valeur. Elle qui aurait pu être directrice de banque trouva le moyen de travailler comme femme de ménage dans un grand magasin, puis comme manucure et vendeuse de colifichets. C'est ainsi qu'elle devint la maîtresse d'un homme qui « faisait » les marchés forains. Je les accompagnais parfois dans la traction avant du monsieur jusqu'à Millau, pour acheter de la bonneterie en gros qu'ils revendaient au détail. Je me souviens d'avoir vendu des gants sur le trottoir des Galeries Lafayette, alors que mon grand-père — le père de ma mère —, administrateur de la Banque ottomane, vice-président de la Banque de Paris, travaillait juste à côté, avenue de l'Opéra. Je redoutais qu'il passe devant notre modeste étalage avec sa belle Delage conduite par un chauffeur.

Chez ce grand-père, je voyais des gens « respectables », des banquiers ou des professeurs. Avec ma mère, je fréquentais des forains qui vendaient des tartes au fromage ou des vêtements sur la voie publique. Ma mère était une excentrique volontiers provocatrice : dans les cocktails de mon grand-père, elle racontait des anecdotes de marchés, et avec les forains, elle était intarissable sur la façon de vivre des gens de la « haute ».

Moi, je naviguais allègrement entre ces deux mondes, poussé par les caprices de la vie, dont la variété finissait par me paraître normale. Aujourd'hui, je pense que j'ai eu une chance formidable : celle de ne jamais être prisonnier d'un milieu figé qui m'aurait probablement marqué à vie, en me persuadant du bien-fondé de ses valeurs. La vie m'a très tôt mis à l'abri d'une vision monolithique du monde. Ainsi, chez ma grand-mère paternelle, si pieuse, si experte en convenances, je devais être couché à huit heures, avec une dose de Gardénal parce que j'étais « vif-argent », tandis que chez ma grand-mère maternelle on laissait les enfants jouer et courir librement dans un grand tohu-bohu. Tiraillé entre des univers si différents, où l'on m'assenait ici des vérités qu'on me présentait là comme des niaiseries, où les uns faisaient le contraire de ce que faisaient les autres, je ne tardai pas à développer le sentiment que le monde était une vaste maison de fous.

En fait, je me rendais compte, bien plus tôt que la plupart des adolescents, que les adultes s'habillent de vérités diverses. Et j'allais comprendre par la suite que ce qui est « fou », c'est d'infléchir toute son existence parce qu'un parent, si bien intentionné soit-il, nous impose sa vérité comme un dogme, si ce n'est comme un diktat. C'est de ces entraves, de ces prisons-là — nous le verrons plus tard — que bien des gens, devenus adultes à leur tour, doivent se libérer pour exister pleinement.

Il n'empêche qu'à l'époque, la personnalité même de mon grand-père, qui vouait une véritable passion à la magie et aux sciences occultes, ne faisait que renforcer mon impression d'évoluer dans un paysage on ne peut plus farfelu. Des rayonnages entiers de sa bibliothèque débordaient de livres ésotériques. Le soir, dans l'appartement, se tenaient des réunions où l'on parlait en abondance des « grands initiés » et de philosophie orientale. Je suivais ces débats avec le plus vif intérêt. Cependant, je ne comprenais pas pourquoi ces beaux parleurs ne partaient pas tout simplement en Inde à la recherche des sages dont ils vantaient l'élévation. Cette quête du bonheur me fascinait comme une chasse au trésor et je me souviens encore du sentiment de trahison que j'ai éprouvé lorsque, un jour, rentrant de vacances, j'ai découvert que tous les livres ésotériques avaient disparu, brûlés par un père jésuite qui, ayant temporairement élu domicile chez nous, en avait profité pour convertir mon grand-père. Devenu catholique, calotin même, ce dernier allait désormais à la messe et donnait aux bonnes œuvres. Ce fut pour moi un effondrement, je jugeai qu'il avait manqué de courage et je me promis que, de mon côté, je ne m'en laisserais pas conter et que j'irais jusqu'au bout. En cachette, je continuais à étudier Bouddha, Lao-tseu, d'autres encore. Voulant appliquer ce que je croyais comprendre de leur enseignement, je m'essayais à présenter au monde un visage d'une totale et imperturbable sérénité.

Il m'en fallait une dose certaine pour ne pas me perdre entre les cercles si différents dans lesquels j'évoluais. Je passais la semaine au collège des Oratoriens, à Juilly, où je collectionnais les mauvaises notes et les retenues. Le week-end, j'allais dans la boutique de lingerie que ma mère, séparée de son forain, avait ouverte rue Lepic, avec l'argent que mon grand-père s'était décidé à lui donner sur mon insistante suggestion. Dans l'arrière-boutique, toujours pleine de gaieté, on se réunissait pour des festins avec les prostituées du quartier et les marchandes des quatre-saisons de la rue Lepic. Entre les robes de bure des frères religieux et les bas résille de Pigalle, mon éducation ne manquait pas d'envergure. Mais mes résultats scolaires n'étaient pas à la hauteur et ma mère me répétait :

— On fera de toi un ouvrier.

Elle me fit consulter une ribambelle de psychiatres. L'un d'eux aurait diagnostiqué qu'il fallait m'inciser la boîte crânienne afin de permettre un meilleur développement du cerveau ! C'était du moins ce que me racontait ma mère, en prenant bien soin de souligner qu'elle avait remis ce Frankenstein à sa place en criant que « personne ne toucherait à un cheveu de la tête de son fils » !

Cette fois, j'appris que, de même qu'il y a de bons Allemands, il y a des psychiatres bizarres.

Plein de bon sens pratique, comprenant que les méthodes d'enseignement à Juilly ne me convenaient pas, mon grand-père m'inscrivit dans un autre établissement où une rencontre heureuse, celle d'un professeur de latin-grec, me transforma subitement, comme c'est souvent le cas, en bon élève. De dernier de la classe (avec 240 heures de colle un certain trimestre), je passai parmi les meilleurs. Et, fidèle au projet qui m'animait depuis toujours, je me lançai dans des études de médecine.

* * *

L'été 1956, je partis en vacances en Espagne. Au bout de quelques jours, j'y fus assailli de cauchemars, au point que, obéissant à un pressentiment, je téléphonai à Paris. La cuisinière m'apprit que mon grand-père venait de mourir... Quelques années plus tard, une expérience télépathique similaire au moment du décès de ma grand-mère m'a convaincu que l'amour a sur notre psychisme une influence que nous sommes encore incapables de mesurer.

Pour subvenir à mes besoins, je sous-louais alors à des Américains l'appartement que m'avait légué mon grand-père. Cela me permettait de poursuivre mes études — ce que je faisais sans grand enthousiasme. Je n'étais pas plus passionné par la parasitologie que par l'épidémiologie ou la pharmacologie, mais je suivis le cycle, comprenant qu'il y avait là un passage obligé, une condition à remplir pour pouvoir exercer la médecine comme je l'entendais. L'envie de me diriger vers la « psy » me travaillait. De plus, j'avais entamé une psychothérapie avec un ami d'enfance de ma mère, lequel n'était autre que le petit-fils du poète Walt Whitman. Doté d'une personnalité que certains qualifiaient de mégalomane, il avait été déporté pendant la guerre et prétendait devoir sa survie à la seule force de sa volonté. Je ne voyais pour ma part aucune mégalomanie dans cette affirmation et, de fait, elle accrut en moi l'idée que, « si on voulait, on pouvait » — ce que n'avait cessé de me répéter mon grand-père maternel, cet ex-garçon de courses algérois devenu banquier.

La relation avec ma mère s'avérait de plus en plus conflictuelle. Elle racontait partout qu'elle se saignait aux quatre veines pour payer mes études de médecine ; elle fouillait mes poches pour lire les lettres de mes petites amies et faisait en sorte de me brouiller avec ces dernières. Dans un dîner, elle était capable de jeter à la cantonade des phrases comme : « Étienne n'est pas le fils de son père. » De mon côté, je m'efforçais de rester calme, impassible comme Bouddha, alors qu'intérieurement j'étais en ébullition. Mais si d'aventure je me mettais en colère, ma mère me répliquait que j'étais un ingrat et que j'allais la mettre sur la paille...

J'avais au moins une chance : mon complexe d'Œdipe avait été considérablement atténué par l'absence physique de mon père. Je ne voyais ce dernier que trois ou quatre semaines par an, quand un congé lui permettait de revenir à Paris. À la fin de la guerre, je me souviens qu'un jour la cuisinière m'avait annoncé que mon « papa » m'attendait dans le salon. Je m'étais précipité et je n'avais pas reconnu cet homme qui se tenait près de la cheminée. Peu après, il reprit ses pérégrinations diplomatiques : la Pologne de l'après-guerre, puis Cuba — où je lui ai rendu visite dans les années 1950, à l'époque où l'île était le théâtre d'une contrebande et d'une corruption effrénées. Il avait la réputation d'un homme d'une droiture et d'un désintéressement parfaits. Quelques années plus tard, il devait prendre sa retraite dans un vieux château de famille à demi en ruine, sans eau ni chauffage, dans lequel il passa le reste de sa vie... à se tourner les pouces en rêvant son avenir.

SEUL COMPTE LE CHEMIN

Parallèlement à mes études, je consacrais une grande partie de mon temps au sport. En particulier à l'escrime. J'aimais l'idée de mettre en application la fameuse maxime : « Un esprit sain dans un corps sain. » Je participais ainsi à plusieurs compétitions universitaires. C'est là que je rencontrai l'un des responsables de l'équipe française de pentathlon moderne pour les jeux Olympiques. Il me fit part de ses difficultés à recruter des athlètes et me demanda si j'avais jamais songé à me lancer dans cette discipline multiple où il faut à la fois pratiquer l'équitation, l'escrime, la natation, le tir au pistolet et la course à pied. Assez doué dans les trois premières disciplines, je n'avais jamais tiré au pistolet et me révélais médiocre en course à pied. Mais, séduit par l'idée de participer aux jeux Olympiques, je me mis au travail avec acharnement, bien décidé à me prouver que « je pouvais ce que je voulais ».

J'avais à peu près trois ans pour me préparer aux Jeux de Rome. Et pendant trois ans, tout en finissant mes études de médecine, en effectuant mes stages en hôpital psychiatrique, je me suis entraîné avec passion. Des annuaires téléphoniques me servirent de cibles dans le couloir de mon appartement, et je pris l'habitude de chronométrer toutes mes performances athlétiques.

Bientôt, je fis figure honorable dans les compétitions internationales et me classai parmi les postulants à la sélection olympique. Les derniers championnats avant les Jeux devaient décider de la liste des athlètes qui représenteraient la France. Dans l'épreuve de cross à cheval, je me donnai à fond, poussant ma monture jusqu'à ses limites. Bien qu'ayant déjà touché l'obstacle par deux fois, j'étais tellement tendu vers le but que j'en oubliais toute prudence. À la dernière double barre, mon cheval toucha encore une fois et nous fîmes tous deux un soleil. Cette chute me valut un zéro pointé. Mon rêve partait en fumée. À moins que mon concurrent direct, à son tour...

Encore secoué, j'allai m'installer sous un arbre et je me concentrai aussi fort que possible : « J'ai trop envie d'aller aux Jeux, il faut qu'il rate, il faut qu'il se passe quelque chose. »

Mon adversaire réalisa un sans-faute. En apparence du moins, car il y eut soudain réclamation : il avait oublié de sauter un obstacle, et comme le veut le règlement, il fut dès lors pointé zéro ! Sa rage fut telle que les sélectionneurs décidèrent de l'écarter définitivement. C'est ainsi que j'ai obtenu mon billet pour Rome.

« L'important est de participer », c'est bien connu. Mes débuts furent plus qu'honorables, mais, anéanti par une chaleur accablante, je terminai l'épreuve de course à pied parmi les derniers, au bord de l'épuisement. Adieu mes rêves de médaille ! Mais j'avais vécu ce que je voulais vivre, et à défaut de l'ivresse du podium, j'avais connu celle de pénétrer avec tous les athlètes dans un stade aussi comble que fervent. Plus tard, j'en tirais la conclusion que ce n'est pas le but qui compte, mais le chemin que l'on emprunte pour l'atteindre... Je n'allais pas cesser de développer cette idée par la suite, dans ma démarche thérapeutique.

Quelques mois après les Jeux, j'allais vivre une expérience beaucoup moins plaisante. Comme tant d'autres, je fus appelé à effectuer mon service militaire en Algérie, pour ma part en qualité de médecin. Là, je découvris toute l'absurdité et toute l'horreur de la guerre. Je dus apprendre à supporter les regards haineux de ceux qui voyaient en moi l'occupant, et je compris ce que c'était, en d'autres temps, que d'être « l'ennemi ». En outre, je fus en butte à ma hiérarchie, laquelle me reprochait de soigner indistinctement soldats français et partisans du FLN. Cependant, ayant eu l'occasion en des circonstances particulièrement périlleuses de sauver la vie de quelques appelés, on me remercia en me donnant une belle citation militaire et un poste de médecin-chef au quartier général d'Alger où l'on me laissa tranquille jusqu'à mon rapatriement.

* * *

Avant mon départ pour l'Algérie, j'avais passé un concours d'internat. Reçu second à l'écrit, j'avais terminé... dernier à l'oral, sans doute par respect pour les dénigrements de ma mère à l'encontre des diplômes, ces « peaux d'âne ». Je me suis retrouvé à Chalon, dans un établissement psychiatrique où l'on dénombrait environ trois cents « folles » pour trois internes...

La situation y était épouvantable, les conditions parfois dignes du XIXe siècle. Je me souviens d'une fille superbe, d'à peine vingt ans, qui vivait enfermée dans une sorte de cachot, recroquevillée sur un lit de paille comme une bête fauve, sans autre vêtement qu'une camisole de force. Chaque fois que j'entrais avec le patron du service, elle se jetait sur lui, essayait de le frapper, de lui arracher son pantalon. Pour la calmer, il lui faisait subir des électrochocs. Même traitement si elle venait à casser un carreau. J'étais révolté à l'idée qu'on puisse administrer une décharge électrique comme punition. La malade en avait reçu plusieurs centaines alors qu'on ne devait jamais dépasser la vingtaine. Le chef du service n'avait pratiquement aucun programme de psychothérapie, il ne voulait connaître que les électrochocs et les médicaments. Je n'avais rien contre les médicaments et, aujourd'hui encore, je m'en sers régulièrement sans *a priori* : il faut stabiliser le patient si l'on veut que la psychothérapie ait quelque chance de réussite. Mais ce ne doit pas être une fin en soi, car cela peut conduire au gommage de la personnalité : un résultat à l'opposé de celui que je recherche.

Martine avait été internée à la suite d'une situation familiale sordide : son père l'avait violée pendant que sa mère la maintenait soumise, trop contente de se soustraire à ses obligations conjugales...

J'ai pris Martine en thérapie. Peu à peu, à force de patience, je suis parvenu à l'amadouer et à établir le contact. La thérapie s'est bien développée, Martine s'est de nouveau habillée, elle a retrouvé apparence humaine et s'est socialisée.

Ce que je ne prévoyais pas, c'est que ce premier succès serait une source de conflit entre le patron et moi. Mon patron, en effet, sembla dès lors s'acharner à détruire dans mon dos le travail thérapeutique que j'avais entrepris auprès de cinq femmes, deux jeunes et trois d'un certain âge, internées depuis de longues années. Il leur prescrivait des électrochocs que je m'obstinais à ne pas appliquer. À l'époque, ces électrochocs étaient effectués sans aucune anesthésie. On se contentait de mettre un bandeau entre les mâchoires des malades, pour que ceux-ci ne se cassent pas les dents lorsque la secousse électrique les traversait. C'était horrible.

À l'occasion d'une fête quelconque en ville, j'ai donné à Martine une permission de vingt-quatre heures. Au cours de cette sortie, elle a couché avec cinq hommes. Le patron m'a convoqué pour me passer un savon :

— Beau travail, Jalenques ! Vous allez en faire une pute !

Ce n'était évidemment pas l'objectif que je visais, mais j'ai vu rouge et répliqué :

— Cette fille a vingt ans, je préfère encore qu'elle soit pute, avec un mac, des amours, une vie enfin, plutôt que de terminer ses jours entre les quatre murs d'un hôpital psychiatrique !

UNE APPROCHE AFFECTIVE

Après cet éclat, j'ai poursuivi dans la voie que j'avais choisie. Déjà, j'avais senti qu'il fallait avoir avec les malades une approche affective, et non « raisonnée ». Je n'étais donc pas d'accord avec le cadre strict imposé par la psychanalyse « officielle ». Nous pensions, plusieurs internes et médecins, que la psychanalyse pure et dure perturbait davantage les psychotiques qu'elle ne les soulageait. Il restait à inventer de nouvelles méthodes, notamment par une approche au niveau affectif, en utilisant la parole, le contact et l'émotion. Aussi n'hésitais-je pas à tenter des expériences. Ainsi, je me rappelle d'une patiente qui avait la phobie des crocodiles. J'avais demandé à tout le service de jouer le jeu, c'est-à-dire d'entrer dans son délire. Il s'agissait d'aller dans son sens, de nous mettre délibérément à son niveau afin si possible d'entrer en contact avec elle. Lorsque la patiente arrivait en disant :

— Attention, il y a des crocodiles !

... nous grimpions tous sur les tables en poussant des cris de terreur. Au bout d'un moment, c'est la patiente elle-même qui nous tirait par la manche et tâchait de nous rassurer :

— Mais non, regardez, il n'y a pas de crocodiles...

C'était une première victoire, un début de dialogue. D'un autre côté, je commençais à mesurer la violence potentielle d'une telle méthode, capable de susciter des réactions très fortes, positives ou négatives, chez nos malades. Deux d'entre elles, les plus âgées, ont eu un infarctus et je me demande encore aujourd'hui s'ils ne doivent pas être attribués à la violence d'une psychothérapie dont je maîtrisais encore mal les outils. Je voulais qu'elles sortent, je voulais littéralement les pousser à guérir, sans assez m'inquiéter des contre-réactions et des conflits que cela pouvait provoquer chez elles. Mais cela ne remettait pas en cause le principe et la valeur de mon action thérapeutique, dont l'efficacité était patente.

La deuxième jeune fille dont je m'occupais, Odile, était une grande schizophrène. Quand je l'ai prise en thérapie, elle ne pesait que trente-deux kilos. On la nourrissait avec une sonde, par le nez. Elle était en position fœtale depuis des mois, les mains refermées depuis si longtemps que les ongles lui entamaient la chair. Il m'a fallu trois semaines pour obtenir le premier signe de sa part. Chaque jour, je venais m'asseoir au bord de son lit pour lui parler. Peu à peu, elle s'est habituée au son de ma voix, elle a attendu ma visite. Finalement, au bout de trois semaines, je lui ai dit que je voulais voir la couleur de ses yeux. Ses paupières ont tremblé, avant de s'entrouvrir, découvrant de superbes yeux gris.

Au fil des mois suivants, à mesure que progressait la thérapie, je l'ai sentie revenir lentement vers le monde extérieur : elle a commencé par parler, puis elle a voulu marcher. Mais sa longue crispation faisait que les ligaments de ses muscles s'étaient rétractés : elle ne pouvait plus se lever, ni même déplier le bras. Il a fallu la masser pendant des semaines pour redonner le jeu nécessaire à ses articulations. Nous avancions pas à pas, presque doigt par doigt : c'est ainsi que j'ai découvert que ses ongles avait percé la paume de ses mains.

Un beau jour pourtant, j'ai pu appeler ses parents, des concierges de Montparnasse qui se plaignaient régulièrement que nous ne faisions rien pour sauver leur fille.

— Elle marche, leur ai-je annoncé triomphalement, et elle s'alimente de nouveau. Odile peut rentrer chez vous...

— Rentrer à la maison ? Mais nous ne pouvons plus la prendre, nous avons mis la télévision dans sa chambre.

On le comprend, il ne m'a pas fallu longtemps pour saisir quel soutien et quelle gratitude je pouvais attendre de certaines familles, comme de certains de mes « supérieurs » hiérarchiques. Malgré cela, j'ai fait sortir Odile et, quelque temps plus tard, une femme de quarante-cinq ans. Le patron m'a alors fait cette terrible réflexion, que j'ai choisi de prendre dans la réaction au lieu de l'entendre positivement :

— Si ça continue, vous allez nous vider l'hôpital...
J'ai eu un coup de sang. Je suis parti en claquant la porte, et j'ai démissionné le lendemain.
C'est ainsi que, médecin, reçu au concours, je n'ai pas achevé mon internat... Encore merci, maman !
Bien des années après mon départ de Chalon, j'ai reçu une carte postale de Martine, la première malade que j'avais fait « sortir » : ouvrière dans une usine, elle s'était mariée et menait sa vie...

* * *

De retour à Paris, j'ai poussé plus loin mes études, en biologie générale, en botanique, en psychophysiologie et en neuropsychologie. Puis, en 1964, je me suis marié. Comme il fallait bien gagner ma vie, j'ai repris un cabinet d'homéopathie. Ce choix n'était pas si saugrenu puisque la psychologie et la personnalité du thérapeute me paraissaient jouer un rôle fondamental dans l'approche homéopathique. En reprenant cette clientèle, je savais que je serais souvent amené à soigner des gens présentant des troubles d'ordre psychosomatique et psychologique. C'est effectivement ce qui se produisit et, en l'espace d'un an ou deux, le cabinet d'homéopathie se transforma en cabinet de psychothérapie.

Parallèlement, je courais les congrès de psychologie, je lisais tout ce qui avait trait à l'utilisation de l'affectif en thérapie, sentant bien qu'on était à l'aube d'une grande révolution. Les moyens mis en œuvre par la psychanalyse traditionnelle me paraissaient trop théoriques, trop longs, et j'estimais même qu'ils étaient souvent inefficaces dans les cas de psychose grave.

Lors d'un congrès, je fis la connaissance d'un psychologue américain nommé Fisher qui dirigeait des séminaires en France pour enseigner aux médecins et aux dentistes les techniques de l'hypnose dont il était spécialiste. J'ai suivi ses cours, nous avons beaucoup parlé de mon approche thérapeutique. Il m'a vivement conseillé d'aller faire un tour aux États-Unis où, en grande partie sous l'impulsion de la « contre-culture » des années 1960, se développait un fantastique mouvement d'expérimentation.

LES ÉCOLES AMÉRICAINES

Curieux de voir ce qui s'inventait là-bas, j'ai entrepris divers voyages afin de suivre des hommes ou des groupes qui allaient dans mon sens. Je me suis ainsi rendu à Phœnix, Los Angeles, San Francisco, Salem... J'ai tâté un peu de tout, du plus sérieux au plus farfelu, comme ce groupe qui réunissait une centaine de personnes, chacune payant un dollar par séance, et où l'animateur disait : « Nous allons revenir à l'homme des cavernes. Alors tout le monde se gratte l'aisselle ! »

Et tous dans la salle de se gratter sous les bras en poussant des cris de chimpanzé ! Il y avait aussi des groupes d'homosexuels où l'on échangeait le plus doctement du monde les meilleures techniques de masturbation, chacun vantant tour à tour les vertus du cirage, de la pomme évidée ou du foie de veau. Je me souviens d'une thérapeute qui était devenue en quelque sorte la *mater familias* d'une quarantaine d'homosexuels et qui les avait convaincus de vendre tous leurs biens pour acheter une île dans le Pacifique. Ils sont tous partis là-bas ! J'ignore ce qu'ils sont devenus...

C'est pourtant chez cette même femme que j'ai pris l'idée du « tunnel » que j'utilise à l'occasion, encore aujourd'hui, dans mes thérapies. Il s'agit de former avec des matelas un corridor dans lequel doit se faufiler le patient, tandis que les autres le compriment. Cela renvoie à des notions d'accouchement pénible, bien sûr, mais aussi d'enfermement, d'obscurité, de mort, et à ce titre, c'est un déclencheur souvent efficace.

Au total, durant mon séjour américain, j'ai dû essayer une bonne trentaine de techniques différentes. Ici et là, on trouve toujours des éléments qu'il est intéressant d'approfondir, quitte à les mettre en œuvre dans une perspective tout autre. Un professionnel du psychique est comme un chirurgien : il n'opère jamais avec un seul scalpel, chaque cas, chaque opération pouvant nécessiter des outils différents. J'ai donc emprunté à gauche et à droite, en faisant le tri de ce qui me semblait valable ou non. Cela me demanda beaucoup d'énergie et de temps, car les « méthodes » ne manquaient pas : il y avait tous les laboratoires de « training mental », il y avait Janov, l'auteur du « cri primal », mais aussi Perls, qui avait « inventé » la Gestalt-thérapie, et puis Simkine, Maslov, etc. Tous ces hommes avaient en commun de chercher à obtenir des états de « surchauffe affective », souvent par le biais de psychodrames permettant aux patients d'exprimer librement leurs émotions.

Je finis par frapper à la porte du docteur Daniel Casriel, à New York. C'était un tout petit bonhomme, extraordinairement brillant, un pédagogue hors pair qui s'était spécialisé dans le traitement des toxicomanes. À la fin des années 1960, il se trouvait à la tête d'une institution où il recevait à peu près une centaine de patients. Cette communauté, presque une pension, avait été baptisée Casriel Institute.

Casriel avait retenu mon attention, d'abord parce qu'il obtenait les meilleurs résultats du monde avec les drogués aux substances dures, et ensuite parce qu'il était psychiatre et président des analystes de New York — ce qui était à mes yeux la garantie d'une pluridisciplinarité considérable. Aborder un sujet sous des angles divers donne toujours une plus grande largeur de vue, une plus grande profondeur. D'autre part, Casriel avait été analysé par Gardner, le seul Américain jamais analysé par Freud. Cela créait donc une filière plus que fiable : Freud, Gardner, Casriel... et moi. Freud était le génie qui avait ouvert la voie, les autres avaient une belle stature. De tels individus parviennent toujours à transmettre à leurs disciples quelque chose de leur pensée, de leur style. Ainsi, le violoniste qui étudie son art avec Yehudi Menuhin gardera forcément une coloration héritée de son maître.

J'ai donc demandé à Casriel de me prendre pour élève, lui proposant de faire un stage pour commencer. Je me suis fait interner pendant un mois avec les drogués, dans leur dortoir : je mangeais avec eux, j'allais en thérapie avec eux. Ce ne fut pas une partie de plaisir. J'étais exposé à une formidable agressivité, car les drogués se sentaient observés par moi comme des cobayes. À leurs yeux, je restais un médecin. Ils m'avaient demandé d'emblée si je me droguais. Il avait bien fallu leur répondre que non. Les premières quarante-huit heures, j'ai eu vraiment peur, une peur de tous les diables. Mais au bout de deux jours, voyant que j'étais sincère dans ma démarche, les drogués m'acceptèrent.

Casriel avait institué un système très au point. Nous étions toujours par trois, nuit et jour. Nous ne nous quittions pas, même pour aller aux toilettes. De cette manière, un patient n'était pas trente secondes seul, il n'avait jamais la possibilité de prendre de la drogue en cachette. Lorsque j'ai eu une rage de dents et que j'ai demandé à aller chez le dentiste, mes deux compères ont dû m'accompagner jusque dans son cabinet, pour me surveiller au cas où j'aurais eu l'intention de soudoyer le dentiste pour obtenir de la cocaïne ou une substance quelconque.

Les pensionnaires avaient l'interdiction formelle de quitter la communauté. Après six mois de ce traitement, ils étaient désintoxiqués au premier stade ; en un an, ils pouvaient recommencer à travailler à l'extérieur et ne rentraient que le soir à l'institut.

C'était donc une thérapie « répressive », de style quasiment « fasciste », qui ne laissait aux patients aucun répit. Aujourd'hui encore, je reste persuadé que c'est un des très bons moyens de soigner les toxicomanes. On est souvent trop compréhensifs à leur égard : en ne portant le blâme que sur la société, on les déresponsabilise.

Il faut en outre noter que, si les structures étaient extrêmement rigides, les drogués avaient par ailleurs une liberté totale d'expression, même sous la forme d'agression verbale.

Casriel avait découvert la thérapie par le cri un peu par hasard, comme c'est souvent le cas dans le domaine scientifique. Les drogués en manque étaient évidemment d'une violence terrible, ils vomissaient des torrents d'injures sur tout le monde. Par manque de personnel, ces crises n'étaient pas toujours refrénées. On retenait les protagonistes de peur qu'ils ne se sautent à la gorge, mais on ne pouvait pas les empêcher de crier. Les infirmiers et les thérapeutes se sont alors aperçus qu'après ces orages affectifs, les drogués étaient souvent beaucoup plus calmes. Peu à peu est née l'idée, simultanément d'ailleurs chez Casriel, dans les laboratoires de *training mental* et chez les adeptes de la Gestalt, qu'il fallait peut-être provoquer ce qu'on avait jusqu'alors toujours cherché à empêcher. C'est ce que Casriel entreprit de faire dans ses groupes de thérapie. Les statistiques furent là pour lui donner raison : 80 à 90 % de résultats positifs.

Par la suite, Casriel s'est vu confier le programme Rockefeller sur la toxicomanie. Il est mort d'épuisement à cinquante-huit ans, complètement usé par les trois groupes qu'il animait quotidiennement. Il avait acheté un immeuble entier à New York et y accueillait les toxicomanes en résidence permanente, plus tous les gens de l'extérieur qui venaient suivre une thérapie de groupe. C'était presque l'usine, il y avait trente thérapeutes ! Casriel est mort jeune mais milliardaire — ce qui était un de ses buts dans la vie, comme le veut la devise sacro-sainte de la société américaine : « *Make money !* » / « Gagnez de l'argent ! » Casriel prenait jusqu'à dix mille francs par semaine pour prendre en charge un patient. Certains parents étaient furieux ! Ces gens fortunés, grands patrons de l'industrie et du commerce, déboulaient souvent dans le bureau de Casriel pour lui dire son fait. Il se contentait de leur répondre :

— Messieurs, si au lieu de ne penser qu'à vos *holdings* vous vous étiez occupés un peu de votre fils ou de votre fille, il ou elle n'en serait pas là aujourd'hui. Moi, je ne suis pas responsable : ou vous payez ou vous sortez. Mais dans ce dernier cas, ne vous étonnez pas si votre enfant va se shooter dans la rue.

Un jour, Casriel m'a demandé de mener des groupes dans sa clinique. J'ai donc travaillé en collaboration avec lui, c'est-à-dire que j'animais le groupe en sa présence. Au bout d'un certain temps, il m'a dit que j'étais prêt, que je pouvais fonctionner seul. Il me proposa même de devenir meneur à part entière chez lui, avec un salaire très confortable. J'ai décliné son offre. Ma vie était en France, le système américain ne me convenait guère, pas plus que le côté disciplinaire de la thérapie antidrogue, que j'approuvais pourtant par d'autres aspects. J'envisageais non seulement de soigner des cas graves de dépendance ou relevant de la psychiatrie, mais aussi de venir en aide à ceux qui, selon la formule, ne sont pas « bien dans leur peau » et passent ainsi, souvent, à côté de leur vie. Le mal-être à la mode m'irritait dans sa résignation soi-disant inéluctable.

LES PREMIERS PAS DE LA DYNAMIQUE ÉMOTIONNELLE

J'ai donc choisi de rentrer en France. Aussitôt, je me suis mis à chercher un local où je pourrais travailler et réaliser ce que je venais d'expérimenter aux États-Unis. Les approches thérapeutiques de ce genre étaient complètement inexistantes de ce côté de l'Atlantique. Et lorsque j'exposais mes vues, on me regardait souvent avec perplexité. Mes collègues d'internat me disaient en riant que j'étais un sadique, un bourreau qui prenait un plaisir pervers à faire crier et pleurer ses patients. J'avais beau rétorquer que je les soulageais, on trouvait ma démarche très équivoque, voire dangereuse. C'était l'époque de la grande hégémonie analytique et notamment lacanienne : mon approche évoquait nécessairement une hérésie. Seuls quelques individus isolés regardaient dans la même direction que moi, mais aucune grande figure universitaire ou médicale ne pouvait nous apporter la caution de son expérience. Aussi devais-je faire face non seulement à l'ignorance générale, mais encore à une évidente réprobation.

Afin d'exposer ce que j'avais appris aux États-Unis, j'ai alors sillonné la France, participant à de nombreux congrès. J'expliquais que j'avais pu constater des résultats probants, que j'avais vu des patients parvenir à une guérison stable et indéniable. Les chiffres me semblaient éloquents, puisque Casriel s'était vu confier dix mille lits alors qu'un analyste traditionnel ne soignera jamais plus de cinq cents personnes dans toute sa vie. C'était une démultiplication fantastique, qui pouvait avoir un réel impact social. Mais les gens demeuraient sceptiques. Dès que je leur parlais de groupes, ils pensaient « orgie » ou « sabbat ». Il y avait là quelque chose d'impensable sociologiquement et mes plus éminents confrères eux-mêmes ne comprenaient pas, s'imaginant que nos séances tournaient aux massages érotiques ou aux manipulations occultes... Bref, l'habituel tabou du corps dans la cure.

De mon côté, je voyais bien que les patients se portaient mieux et je persévérais. Des conférences dans divers hôpitaux faisaient en sorte que les internes ou les psychiatres puissent prendre connaissance de cette nouvelle méthode, libre à eux de décider ensuite si elle pouvait apporter quelque chose dans leur propre pratique thérapeutique.

J'allai ainsi trouver à Sainte-Anne le professeur Soulairac, un grand homme de la psychiatrie chez qui j'avais fait autrefois un stage et qui avait pu apprécier la qualité de mon travail auprès des malades mentaux. Je lui exposai les voies nouvelles que j'avais explorées aux États-Unis. Intéressé, il décida de m'ouvrir son service. Il avait été le premier en France à introduire la psychanalyse dans son service en plus des traitements médicamenteux ; il fut aussi le premier à donner un droit de cité à la Dynamique Émotionnelle Exprimée — puisque c'est ainsi que j'avais baptisé ma méthode.

Je me suis retrouvé chargé d'une consultation de thérapie émotionnelle à Sainte-Anne. Poste tout à fait honorifique puisque, pendant de longs mois, j'ai travaillé sans être payé. Je rencontrai d'insurmontables difficultés pratiques. Mes méthodes impliquaient que les patients crient et fassent beaucoup de bruit — ce qui ne manquait pas de déranger les services environnants car nous ne disposions d'aucune insonorisation. Je dus réunir mes groupes dans les caves, ou même dans la chapelle désaffectée de Sainte-Anne !

Soulairac parvint finalement à débloquer des crédits pour équiper une salle. Mais l'insonorisation laissait à désirer et les cris de mes patients perturbaient les autres malades hospitalisés, de sorte qu'il fallait parfois augmenter les doses de neuroleptiques et que les infirmiers se plaignaient d'un surcroît de travail. De leur point de vue, ils avaient raison : mes malades sortaient souvent éprouvés de leurs séances de groupe, et les autres étaient plus agités. Dès lors, mes confrères purent en toute bonne foi prétendre que je déstabilisais les patients, et que leur état ne faisait qu'empirer. Bref, j'étais dangereux et il fallait absolument interdire ce genre de thérapie « hérétique ». Dans la psychiatrie plus encore que dans n'importe quelle autre discipline de la médecine, il existe des coteries, freudiennes, lacaniennes, etc., qui se livrent à d'interminables querelles de clocher. Et c'est un bien car il n'y a pas de thérapie hégémonique.

Mais le docteur Soulairac me confirma son soutien.

Il avait eu toutes les peines du monde à obtenir un budget pour ma salle, il réussit en outre à me faire octroyer un salaire royal : j'étais désormais payé... vingt-sept francs de l'heure ! J'avais cinq vacations, soit dix à quinze heures par semaine pour mener à bien mes groupes.

En dépit de toutes les difficultés, je me réjouissais de voir que la médecine entérinait ma méthode. Il me paraissait très important que la Dynamique Émotionnelle se fût implantée à Sainte-Anne, La Mecque de la psychiatrie française. L'ostracisme n'a jamais été une bonne politique, et j'étais heureux de faire partie de la cité.

Je rends donc ici hommage au docteur Soulairac, qui fit preuve d'une immense ouverture d'esprit. C'était un neurophysiologiste de niveau mondial qui avait travaillé et « découvert » le rhinencéphale, c'est-à-dire une partie capitale du « cerveau des émotions » qui intervient dans le contrôle des grands mécanismes biologiques : la faim, la soif, le sommeil, la sexualité, etc. Je ne passais pas une demi-heure en sa compagnie sans qu'il m'apporte quelque chose sur le plan médical, pharmacologique, psychiatrique ou simplement dans le domaine du bon sens. Lorsque je travaillais sous ses ordres à mes tout débuts, il m'avait dit une chose qui m'avait beaucoup frappé :

— Prenez toujours garde à ceci, Jalenques : la folie n'est pas l'imbécillité.

Cette simple réflexion avait été pour moi un trait de lumière. Cet amalgame encore commun à l'époque dans les milieux médicaux entre maladie mentale et débilité est absolument dépourvu de fondement. Les « fous » ont leur propre logique, une logique du sentiment dont on peut trouver la cohérence. Mais pour cela, il faut leur parler autrement que selon les règles de la logique discursive, il faut entrer dans leur construction erronée pour mieux les amener à réintroduire les voies de la raison dans leur système affectif bloqué.

* * *

En dehors de Sainte-Anne, je continuais à soigner mes malades en ville, cela me permettait d'atteindre un public différent, moins « lourd », plus névrosé que psychotique. Afin de réduire les nuisances, je me suis d'abord installé dans les caves d'un hôtel situé près de la Bourse.

Cela ne m'empêcha pas de connaître quelques déboires folkloriques... Je me souviens en particulier d'un patient qui, souffrant d'un énorme complexe de culpabilité, vivait dans une peur constante de l'autorité, associée à la peur d'être puni. Il en était arrivé à ne plus pouvoir circuler ni s'assumer sans aide extérieure. Sa femme l'amenait au travail en le tenant par la main, il était incapable de prendre le métro ou de conduire une voiture...

Un jour, en séance de groupe, il se mit à nous raconter un incident qui avait marqué son enfance et qui était sans doute à la source de ses problèmes d'adulte. Son instituteur l'avait surpris en train de se livrer à quelque jeu érotique bien innocent avec une petite fille de sa classe. Cette situation somme toute anodine, et qui aurait dû être traitée comme telle, fut l'objet d'un véritable scandale dans cette école prude et rigide. Peut-être dans l'idée de donner une leçon à ce « monstre de perversité », on appela les gendarmes qui vinrent chercher le coupable jusque dans la salle de classe. Le garçon quitta ainsi l'école entre deux policiers !

Tandis qu'il nous racontait ce drame, ou plutôt tandis qu'il le revivait au sens littéral du terme, le patient pleurait et poussait des cris en évoquant la terreur et le sentiment d'injustice qu'il avait alors ressentis sans pouvoir pleinement les exprimer. Il était au plus fort de ce « revécu » lorsque soudain les portes de la cave s'ouvrirent d'un seul coup... et une dizaine de policiers firent irruption mitraillette au poing, comme dans les films policiers.

— Les mains en l'air ! nous ordonna-t-on.

Sous le choc, nous avons tous levé les mains comme un seul homme. Le plus surpris, c'était évidemment mon patient, que cette coïncidence ahurissante avec son drame d'enfance laissait bouche bée. L'explication était fort simple : les pleurs, les gémissements et les épouvantables cris qui s'échappaient par le soupirail avaient alerté les gens du quartier. Ceux-ci avaient appelé la police pensant qu'on était en train de torturer des gens dans les caves de l'hôtel, qu'il se passait là des choses innommables.

Le malentendu fut vite éclairci. J'expliquai rapidement la situation aux policiers qui se mirent à rire et à plaisanter. Le drame prenait une tout autre tournure. Lorsqu'ils furent partis, je fis travailler le groupe sur ce qui venait de se produire, en insistant sur l'injustice de cette intrusion, sur son caractère non fondé, mais aussi sur son aspect comique. Ce fut un changement complet pour mon patient, qui fit le parallèle avec sa propre histoire. Pour la première fois, il osa réagir, se révolter contre la représentation qu'il s'était faite de l'autorité et de la castration de son désir. Il put exprimer sa colère, et en même temps rire de cette coïncidence extraordinaire, de ce cadeau de la vie qui lui permit de voir plus clair en lui.

Si je raconte cette anecdote, c'est qu'elle illustre à merveille un point que je crois essentiel : *on ne peut pas changer le passé, mais on peut changer les conséquences de ce passé*. Les névrosés et les psychotiques sont des gens qui restent bloqués sur un point de leur histoire. Or, si les psychotiques sont relativement rares, les névrosés, à divers stades, sont légion. Pourquoi tant de personnes entretiennent-elles une angoisse, une manie, une phobie, une incapacité à réagir comme elles le souhaiteraient ? Pourquoi reproduisent-elles les mêmes scénarios, les mêmes mauvais choix, les mêmes erreurs ? Quelque chose, un incident, un sentiment mal compris ou inexprimé, a entravé leur développement et s'est répété à l'infini, comme sur un disque rayé. Le travail du thérapeute consiste alors, en quelque sorte, à leur faire repérer ce blocage, à le faire rejouer, afin que les patients puissent porter sur leur passé un regard différent et, partant, retrouver le contact avec leur être présent. Alors seulement ils pourront profiter pleinement de la vie et parvenir peut-être au bonheur.

OBJECTIF BONHEUR

Au fond, j'ai toujours gardé présent à l'esprit que mon métier de thérapeute avait pour objectif d'engager les gens sur le chemin du bonheur. Tâche bien ambitieuse et même utopique, diront certains, mais je la préfère à la conception d'une psychothérapie qui n'aurait été qu'un moyen de « normaliser » les fous, ou d'apprendre aux patients dits « normaux » à dompter leurs « pulsions ».

Contrairement à la plupart des psychiatres ou psychologues de l'époque, je me suis tout de suite davantage intéressé à la notion d'homme sain qu'à celle d'homme névrosé ou psychotique. La médecine a toujours eu tendance à se pencher d'abord sur la pathologie — le repérage de ce qui ne va pas — pour passer seulement ensuite à la physiologie — l'étude du fonctionnement normal du corps. Il en va de même en psychologie : un de ces écueils qui menacent le psychiatre est la tendance à considérer la névrose comme la norme humaine. Pour ma part, je pensais qu'il était temps de dépasser le pathologique pour étudier l'homme sain, complet, réalisé.

À la recherche de tout ce qui pouvait concourir à me montrer la voie de cette pleine réalisation, je me tournai naturellement vers la philosophie orientale, que j'avais découverte en partie grâce à la bibliothèque de mon grand-père. J'éprouvais une irrésistible attraction pour l'Inde et le Tibet, pays selon moi de la sagesse et de la vraie spiritualité.

Les Tibétains me fascinaient tout particulièrement car ils semblaient détenir le secret d'une sagesse véritablement ancrée dans le monde et non purement contemplative. Mon but n'était pas de m'enfermer dans un monastère pour trouver Dieu, même si je Le cherchais, aussi, à ma manière. Ce que je voulais, c'était vivre heureux ici et maintenant, c'est-à-dire là où je vivais, en Occident, et dans l'instant présent, fût-ce au milieu d'un embouteillage place de la Concorde à Paris, et non dans une perspective paradisiaque et extatique.

Je pensais surtout à mes patients. Je n'allais pas les emmener sur le chemin de la félicité en les inféodant à une quelconque religion. S'ils trouvaient la plénitude dans une croyance divine, tant mieux ; s'ils souhaitaient, comme je l'ai fait moi-même, rencontrer un gourou qui leur transmette la Connaissance, qui « allume leur bougie », libre à eux mais ce gourou ne pouvait être moi. En revanche, je pouvais les aider à découvrir en eux ce « quelque chose » de sacré qui anime, à mon sens, tous les êtres humains, et qui peut leur servir à transcender leurs blocages et leurs inhibitions. Je ne peux me résoudre à limiter l'homme à un simple animal. Il y a, me semble-t-il, une valeur fondamentale, indispensable à l'équilibre heureux : un « moi » profond à respecter, à protéger dans son intégralité, sans pour autant se retrancher de l'existence commune. Sans, surtout, refuser toute émotion ! C'est au contraire en vivant, ou en revivant, ses propres émotions qu'on les empêche de déstabiliser notre vie, tout en savourant pleinement les variations de rythme, la variété qu'elles nous apportent.

Des milliers de personnes sont venues me trouver à mon cabinet parce qu'elles s'étaient enfermées dans des voies sans issue et souffraient d'être ainsi séparées de leur « moi » profond. Je ne leur ai pas proposé de recettes miracles : si elles existaient, cela se saurait. Je ne peux davantage indiquer au lecteur ce qu'il faut faire précisément pour trouver le bonheur à coup sûr, mais je crois en revanche pouvoir lui indiquer les chemins qu'il ne faut pas emprunter s'il ne veut pas se perdre dans sa quête.

D'ailleurs le mot *quête*, en soi, est déjà malvenu. Ainsi vont les habitudes de langage, premières ennemies de la félicité. Le bonheur n'est pas si lointain qu'on doive monter une expédition pour le dénicher. Drôles d'êtres humains, qui passent leur temps à rêver de ce qu'ils croient être une pierre de lune, et qui la déclarent introuvable. Je pense pour ma part, à l'instar de Chamfort, que le bonheur repose sur la réalité. La réalité du *présent*, quel qu'il soit. « Seulement, pour faire de ce bonheur notre pain quotidien, il faut bien travailler la pâte. »

DEUXIÈME PARTIE

LE BONHEUR AU QUOTIDIEN

« Au lieu de te plaindre du noir de la pièce, va donc chercher une bougie ! »

L'homme est un animal insolite. Quel autre que lui déploie autant d'efforts pour s'écarter de sa nature ? Imagine-t-on un instant un pingouin qui voudrait vivre dans le désert du Sahara ? Ce n'est pas un univers fait pour lui, il ne peut qu'y dépérir. C'est pourtant la voie absurde que choisissent trop souvent les humains : ils s'enfoncent et se perdent dans un malheur desséchant alors que la source de leur bonheur est à portée de main.

Car, n'en déplaise aux esprits grincheux qui voudraient nous condamner à voir le bonheur, tel un mirage, reculer sans cesse à mesure que nous avançons, je le crois au contraire intrinsèque à notre nature. Si nous avons l'idée du bonheur, n'est-ce pas déjà qu'il existe et que nous le portons en nous ?

Mais quelle tâche difficile que d'en convaincre les gens ! Aristote disait avec justesse : « Les hommes sont devant les idées simples comme les chauves-souris devant la lumière : aveugles. » Dès qu'il s'agit de bonheur, j'ai pu constater que les arguments les plus raisonnables ont bien du mal à pénétrer l'esprit de mes interlocuteurs. Cela équivaut en quelque sorte à planter des œufs durs en espérant récolter des poulets frits : il y a une certaine logique dans la démarche, mais ça ne marche pas...

Et pourtant, j'ai envie de me livrer à ce périlleux exercice. Peut-être parce que j'ai le sentiment qu'il y a urgence en la matière. Le temps qui nous est imparti est si court : qu'est-ce que la vie sinon une bouteille d'eau gazeuse qu'on ouvre, qui fait « pschitt »... et c'est fini ? Décidément, quel animal ahurissant que l'être humain, persuadé de disposer de quelque quatre-vingts années d'immortalité !

Plus j'avance en âge, plus je crois que nous sommes ici sur Terre pour tenter de résoudre au mieux cette question : comment, dans ce court laps de temps que dure l'existence d'un homme, parvenir au bonheur ? Souvent, avec mes patients, j'ai recours à un « truc » thérapeutique qui consiste à leur dire :

— Si tu n'avais plus que trois mois à vivre, qu'en ferais-tu ? Que voudrais-tu « vivre » avant de mourir ?

Cette compression du temps les oblige à se recentrer sur leurs vrais désirs et à s'interroger sur l'essentiel. Mais, je le répète, je n'aurai pas la présomption de donner des recettes infaillibles. Il y a probablement cent et une manières de parvenir au bonheur. Peut-être même autant que d'êtres humains sur Terre... Mais il y a aussi des moyens sûrs de sombrer dans le malheur. Et le premier travail consiste à les éviter. J'ai vu trop souvent des patients s'égarer dans des voies sans issue pour ne pas chercher à en faire le détour lorsqu'elles se présentent sur mon chemin.

Aussi puis-je indiquer quelques chausse-trappes au lecteur.

On se méfie à juste titre des donneurs de leçons en manière d'art de vivre. Pourtant, chacun est prêt à admettre que, pour bien apprendre la musique, il vaut mieux suivre l'enseignement d'un bon professeur ; il en va de même pour le sport, les mathématiques ou toute autre matière. Pourquoi ne pas suivre les conseils d'un homme qui peut revendiquer quelque expérience dans le domaine des maladies de l'âme ? Car je tiens pour assuré que le bonheur se transmet et s'apprend. Encore faut-il de la patience, des efforts, et une volonté qui ne recule pas devant les nombreuses et inévitables erreurs de parcours. C'est un long processus, qui peut occuper toute une vie. Pour autant, ferons-nous comme ce musicien en herbe qui renonce à apprendre le piano parce que, après dix leçons de solfège, il n'est pas encore l'égal d'un Leonard Bernstein ?

Je répète souvent à mes patients la maxime d'un maître zen pour laquelle j'ai une affection particulière. D'abord parce que je la crois vraie, ensuite parce qu'elle me fait rire — ce qui est déjà un premier pas positif : « Au lieu de te plaindre du noir de la pièce, va donc chercher une bougie ! »

Car la lumière est là, encore faut-il se donner la peine d'aller la quérir. J'ai eu la chance d'avoir des parents qui n'ont jamais douté de ma capacité à atteindre le bonheur. Ils m'ont fait un cadeau fantastique : ils ont cru en moi, ils m'ont persuadé que je pouvais réussir, même s'ils ne m'encourageaient pas de manière traditionnelle. Quand, abattu par des revers de fortune ou découragé par des tentatives qui n'aboutissaient pas, j'allais me plaindre auprès de ma mère, elle se contentait de me répondre : « C'est bien, continue. » Alors j'ai continué.

Ma pensée, comme toutes les pensées (c'est sa nature de « mental »), va et saute de sujet en sujet comme de liane en liane. Le lecteur peut à sa guise me suivre pas à pas ou sauter plus vite que moi et revenir en arrière. Les branches et les racines sont multiples, le tronc est unique, et je le sais — en tout cas pour moi — solidement planté.

SI C'EST AILLEURS, C'EST ICI

- Si nous avons déjà « l'idée » du bonheur, c'est qu'il existe et que nous le portons en nous.
- N'allons pas le chercher plus loin : on n'imagine pas un pingouin qui voudrait vivre dans le désert...

« S'il y a la soif,
c'est qu'il y a de l'eau »

Si le bonheur est notre nature, comment se fait-il qu'un si grand nombre d'entre nous en soient aussi éloignés ? Il semble que nous nous ingénions à nous persuader que le bonheur est inaccessible. Outre les obstacles naturels que la vie met sur notre route — la maladie, la vieillesse, la mort —, nous avons coutume d'en exacerber certains aspects, voire d'en créer de fallacieux qui, pour être irréels, n'en sont pas moins destructeurs : la peur de l'autre, le travail mal assumé, les formes d'amour aboutissant à la dépendance et à l'illusion de la fusion, pour n'en citer que quelques-uns...

Un empereur du Japon décida un jour d'aller en visite sur une île voisine, placée sous son autorité. Il monta à bord d'un de ses vaisseaux et mit le cap sur le large. Mais il avait à peine quitté le port qu'un monstre aquatique surgit des eaux devant la proue du navire. Effrayé par l'apparition soudaine de ce poisson gigantesque, l'empereur ordonna aussitôt de rebrousser che-

min. Un mois plus tard, il fit une nouvelle tentative. Dès qu'il eut pris la mer, le monstre lui barra à nouveau le passage. Pendant des années, le scénario se reproduisit, si bien que l'empereur renonça enfin à ses voyages.

Un jour que, parti à la chasse, il suivait les traces d'un cerf le long d'une rivière, il vit derrière lui un grand remous agiter les eaux. C'était le monstre qui remontait le fleuve à sa poursuite. L'empereur piqua des éperons en direction de la source. Mais le poisson ne se laissait pas distancer. Finalement, l'empereur se trouva acculé à la paroi d'une montagne.

— Bon, eh bien, tue-moi, dit-il au monstre. Tu as gagné ! Je t'ai évité tant que j'ai pu, mais maintenant...

— Majesté, lui dit alors le monstre d'un air tout à fait amical, enfin je vous rattrape. Vous pouvez vous vanter de m'avoir donné du mal ! Voilà des années que je vous cours après pour vous remettre les perles du bonheur.

Comme le personnage de ce conte, nous passons notre temps à vouloir fuir ou contourner des obstacles que nous nous inventons. En fait, la seule chose dont nous devrions nous méfier, c'est de cette illusion qu'il existe des obstacles à notre bonheur. Parler d'obstacles, c'est déjà se placer dans une position paranoïaque. On pourrait tout aussi bien parler de propositions que la vie met sur notre chemin.

Toute ma thérapie repose sur une phrase du grand texte indien, la *Bhagavad-Gîta*, qui dit : « S'il y a la soif, c'est qu'il y a de l'eau. » Autrement dit, tous nos besoins sont parfaitement adaptés au monde et, en conséquence, nous avons les moyens de parvenir à la satisfaction, physique comme spirituelle.

Le monde ne nous est pas hostile. Dans le catastrophisme ambiant de ce changement de millénaire, un tel optimisme peut surprendre. Mais c'est ainsi : je crois que notre planète n'est pas en train de sombrer, comme on voudrait nous le faire croire, mais qu'au contraire elle flotte très bien. Le monde est riche, quoi qu'on pense. Ses ressources ne sont pas épuisées. C'est l'aménagement humain qui dissone. C'est donc à nous de nous améliorer, sans nous mettre la tête dans le sable ni jouer les Cassandre. Jamais le monde n'a été aussi sûr, jamais il n'a été aussi riche. Ses ressources sont absolument inépuisables.

En somme, tout serait fait pour que nous soyons heureux ? me demande-t-on. Pas exactement : je dirai plus justement que tout est fait pour que nous puissions *apprendre* à être heureux. Car je ne suis pas en train de prétendre naïvement que « tout est pour le mieux dans le meilleur des mondes » : le seul fait d'exister implique que nous ayons des problèmes à résoudre, des embûches à éviter. S'il n'y a pas de danger, il y a néanmoins des risques. Mais l'important, c'est de se sentir et de se savoir la capacité de surmonter ceux-ci. Croire que c'est possible, ce n'est pas vendre la peau de l'ours avant de l'avoir tué, c'est tout simplement se donner une chance de plus de réussite.

Ma conception repose en dernière analyse sur l'idée, chère à Démocrite, que « l'homme et l'univers dans lequel il évolue sont composés d'atomes qui ne forment qu'un tout ». S'il en est ainsi, comment imaginer que le tout puisse s'opposer à ce qui le compose ? La vie ne peut pas être en danger puisqu'elle est ce qui nous traverse et nous soutient. Depuis Einstein et la théorie de la relativité, nous savons de manière scientifique que nous sommes tous interrelationnels. L'homme fait partie de la réalité qu'il observe. Le jardinier fait partie des roses puisque, s'il ne venait pas leur donner à boire tous les matins avec son arrosoir, elles n'existeraient pas. La plupart d'entre nous croient que le monde est fait d'oppositions. En fait, il n'en est rien : les muscles fléchisseurs et extenseurs ne sont pas opposés, il faut qu'ils jouent tous les deux pour que je puisse marcher ; et deux personnes qui se battent sont d'accord pour se battre.

« Pourquoi le pourquoi ? » avais-je demandé à Muktananda, un sage indien mondialement connu et qui est devenu mon maître, dès notre première rencontre. « À cause de deux », m'avait-il répondu. Cette illusion de la dualité, illusion que le monde est séparé de nous et que les autres sont des adversaires, constitue la base de nos angoisses ou de notre inertie face à l'existence. Avec de tels *a priori*, difficile, en effet, de trouver une place harmonieuse dans le monde. Le bonheur semble hors de portée et l'on est pratiquement condamné aux rapports de force avec notre entourage.

Ma mère me racontait souvent une scène terrible qui l'avait opposée à mon père. Elle était dans la salle de bains avec ma tante, en train de préparer une potion à la teinture d'iode qui, disait-elle, devait la faire maigrir.

— Ne fais pas ça, tu vas t'empoisonner, lui dit ma tante.

Mon père, dans la chambre voisine, le prit pour ou plutôt contre lui. Il s'imagina qu'il se tramait un obscur complot. Aussi, quand ma mère lui apporta son petit déjeuner quelques minutes plus tard, il le contempla avec une grande suspicion.

— Fais le goûter par ton fils, lança-t-il à ma mère.

— Quoi ? Mais je ne peux pas faire manger des œufs au bacon à un enfant de cet âge !

Sur ce, mon père explosa :

— Je le savais ! Tu veux m'empoisonner !

Ma mère partit en claquant la porte, scellant la énième rupture.

Le monde est un écho : si vous criez « ennemi », il vous renverra « ennemi ». Je crois que la vie est colorée par la manière dont on la regarde, qu'elle est une réflexion de notre psyché. Si l'on est pessimiste, le monde nous apparaîtra sinistre. Celui qui met des lunettes noires ne doit pas s'étonner de contempler un univers sombre. Les névrosés sont des gens qui vivent ainsi dans une illusion d'optique : ils s'imaginent que le cristal de leur inconscient est brisé parce qu'ils y discernent une longue fêlure. Le thérapeute va devoir leur démontrer que cette fêlure n'est qu'un simple cheveu qui s'est interposé entre eux et le verre...

Les gens commettent presque tous la même erreur. En se demandant : « Pourquoi suis-je malheureux ? », ils introduisent eux-mêmes le malheur dans leur vie, ils ne devraient pas être surpris de le retrouver à l'arrivée ! Si le cuisinier met un rat mort dans sa soupe, qu'il ne s'étonne pas ensuite de la trouver mauvaise.

On finit par voir le monde à travers une grille qu'on s'est soi-même imposée. C'est pour cette raison que je n'adhère pas complètement aux théories freudiennes. Freud affirme que l'homme est un pervers polymorphe, la femme est hystérique... À la lumière de ces « jugements », il explique tous nos comportements. Je crois que, si l'on regarde le monde à travers une serrure en forme de sexe, on obtiendra forcément une image en forme de sexe !

Quand nous disons : « Je suis malheureux », nous nous identifions au malheur. Ce faisant, nous nous condamnons à ne voir que lui. En revanche, si nous disions : « J'éprouve un sentiment de malheur », nous prendrions peut-être mieux conscience de tout ce que ce malheur doit à notre perception d'un monde conçu comme une suite d'obstacles. Ressentir le malheur et penser qu'on l'a réellement en soi sont deux choses différentes...

Le bonheur ne serait après tout qu'une approche différente d'une même réalité. Si le monde n'est pas hostile, alors tout devient plus facile, les portes s'ouvrent, l'autre m'accueille au lieu de me repousser, je cesse de me battre contre des moulins à vent. Qui sait ? Nous sommes peut-être là dans une autre illusion, dans une vue de l'esprit, mais c'est une vue plus large, plus efficace et plus économique que le malheur. Au lieu de nous plaindre en permanence d'un monde hostile, si nous essayions de jouir des sensations qu'il nous offre ?

Quand on partage sa douleur avec quelqu'un, elle diminue. Quand on partage sa joie, elle augmente. N'est-ce pas la preuve que le bonheur est une vue plus large que le malheur ? Quand on présente aux autres une tête de six pieds de long, on fait travailler plus de soixante muscles du visage. Quand on sourit, seulement dix-huit. Alors pourquoi se fatiguer ?

LE MONDE NE NOUS EST PAS *A PRIORI* HOSTILE

- Il fait partie de nous comme nous faisons partie de lui. Ne l'abordons pas en ennemi !
- Souffrons des événements malheureux. Mais ne disons pas : « Je suis malheureux », c'est introduire soi-même le malheur en soi alors qu'il n'est peut-être que dans notre histoire ou sur notre chemin et non dans l'être.

Le bonheur se mérite

Vivre, c'est choisir. Constamment, à chaque pas de notre vie, nous sommes confrontés à des dilemmes. Est-ce qu'il faut tourner à gauche ou à droite, partir ou bien rester ? « Être ou ne pas être » : le succès universel de cette phrase n'est pas dû au hasard mais au fait qu'elle pose d'emblée une des questions fondamentales. La vie est un jeu où nous sommes sans cesse obligés de soupeser la carte que nous allons abattre.

Quelle que soit la décision, nous ne pouvons que choisir. Refuser de le faire, c'est encore un choix personnel et rarement le bon. Ne jamais laisser quiconque vous persuader qu'il « n'a pas le choix ». Si sa maison ne lui plaît pas, qu'il s'en accommode, ou bien qu'il déménage. Si son travail ne lui convient pas, qu'il en change, s'il le peut. Ou mieux, qu'il se demande en quoi il a pu retourner contre lui les avantages que ce travail lui apporte. Ou alors c'est qu'il a choisi... de ne pas avoir le choix ; c'est qu'il a manqué de confiance pour le faire, et il est normal qu'il en subisse les conséquences.

Quand il ne nous resterait aucune solution, nous avons encore celle de mourir. J'entends qu'on me traite d'affreux cynique ? Qu'on se rassure, il ne s'agit pas d'incitation au suicide. Je veux seulement souligner le fait que, si la vie est un jeu, c'est un jeu auquel nous ne pouvons pas faire autrement que de participer. Nous n'en sommes pas les spectateurs, mais les acteurs, tous autant que nous sommes. Lao-tseu disait : « Qu'on le veuille ou non, le chemin est à faire. » Le but du jeu, cela ne peut qu'être d'arriver au bonheur sans tomber dans le puits ni reculer de trois cases, si cela n'est pas nécessaire, comme au jeu de l'oie.

On me dira que tout cela est bien joli, mais que nous ne sommes pas à armes égales dans ce parcours. On m'objectera que nous n'avons pas tous les mêmes possibilités à la naissance et que la vie est tout de même autrement plus facile, les choix autrement plus nombreux quand on est riche, beau et intelligent que lorsqu'on est pauvre, laid et imbécile.

Pardonnez ma brutalité, mais c'est une vision plutôt simpliste des choses. D'abord parce que la richesse, la beauté ou l'intelligence n'ont jamais été les garants absolus du bonheur. Je vois souvent des gens venir à mon cabinet, qui remplissent une ou plusieurs de ces conditions et qui n'en sont pas mieux dans leur peau. En dépit des apparences, on n'est pas plus certain d'être heureux en naissant avec une cuillère en argent dans la bouche qu'en se retrouvant orphelin de père et de mère. Dans les deux cas, il va y avoir un apprentissage à faire, inévitable. Si vous êtes doué, vous aurez toutes les facilités, c'est entendu, mais vous aurez aussi tous les pièges de la facilité : vous risquez de tomber, par exemple, dans la paresse ou la superficialité. Il n'y a donc pas de « prédestination » au bonheur : il n'y a que des pièges différents. L'intelligence, la richesse, la beauté, le pouvoir sont des écueils, et ils ne sont pas plus commodes à éviter que leur contraire. D'un point de vue strictement objectif, il n'est pas moins triste de souffrir d'obésité que de maigreur...

Se plaindre de nos différences de potentiel, c'est ensuite vouloir nier une évidence : la vie est variété. Si la partie de bridge peut se dérouler de façon passionnante, c'est précisément parce que nous n'avons pas les mêmes cartes. La vie est comme une pièce de théâtre où les rôles seraient distribués différemment de manière que tout le monde puisse jouer. On ne fait pas un opéra avec uniquement des jeunes premiers. Il faut un traître, une jouvencelle, une entremetteuse, un père intransigeant... Qui plus est, le jeune premier n'a d'existence que parce que les autres acteurs sont là pour lui donner la réplique.

Nous voici donc tous à égalité sur la ligne de départ du grand jeu de la vie ! Mais attention, il y a une règle stricte : tout mauvais choix de tactique se verra sanctionné à plus ou moins brève échéance par des frustrations ou des blocages. *Le monde est gratuit, mais il est par nature, inéluctablement, coûteux.*

Autrement dit, c'est un jeu de l'effort, mais de l'effort à bon escient. Le drame est toujours facile à réaliser, le bonheur est plus subtil, c'est une œuvre de longue haleine. Sinon, nous serions déjà tous au paradis, tout irait pour le mieux et la vie n'aurait plus aucun intérêt, ni même de réalité. Certaines doctrines religieuses orientales prétendent que Dieu a créé le monde parce qu'Il s'ennuyait. Le fait est que, maintenant, il est servi en distractions : nos déboires, nos méprises, nos inquiétudes, nos jouissances, nos espérances, nos luttes... Le spectacle est haut en couleur !

En fonction des choix que nous faisons, quels qu'ils

soient, il va y avoir un prix à payer. Si vous voulez devenir alpiniste, il vous faut crapahuter dans la montagne. Si vous voulez devenir médecin, il vous faut étudier et pratiquer. Tout cela demande de la concentration et de l'entraînement. Le bonheur est peut-être un droit, mais c'est un droit potentiel, certainement pas un dû. *On a le bonheur que l'on mérite*, mais rappelons-nous la différence entre injustice et inégalité.

Si l'on ne fait pas les efforts nécessaires, il est normal que ça ne marche pas.

C'est l'histoire des deux grenouilles qui tombent dans une jarre pleine de lait. Elles essaient de sortir en sautant mais elles n'ont pas d'appui et les parois sont trop lisses. Découragée par toutes ces vaines tentatives, une des grenouilles finit par renoncer : elle se laisse couler et se noie. L'autre continue et nage sans répit, agitant inlassablement les pattes dans le liquide blanc. Au petit matin, elle se retrouve assise sur une motte de beurre...

À force de brasser la réalité, on finit par « concrétiser », on tombe sur du solide. Mais pour cela, il faut essayer et essayer encore. Ce monde est « magique » : il ne peut faire autrement que de nous donner ce que nous voulons ; ou, plus exactement, on n'obtient peut-être pas toujours ce que l'on veut dans la vie, mais une chose est sûre : ce que nous avons, c'est ce que nous avons voulu. Je ne deviendrai peut-être jamais un brillant mathématicien, mais si je suis mathématicien, c'est que j'ai tout fait pour. Si la vie est faite de choix, alors nous vivons ce qu'il nous plaît de vivre.

Curieusement, c'est ce que nous ne savons pas toujours reconnaître. Le petit artisan qui regrette la fortune ou le pouvoir ne voit pas qu'il dispose de ce qui l'a attiré dans cette voie : sa liberté d'action et la maîtrise d'un savoir-faire manuel. La femme célibataire et active qui se prend parfois à envier l'existence oisive de ses amies richement mariées oublie l'épanouissement que lui procurent son travail et son indépendance. Toute vie a ses astreintes et ses récompenses. Reconnaissons celles-là et sachons profiter de celles-ci.

Notre réalité est telle que nous l'avons souhaitée, plus ou moins consciemment. Au positif... comme au négatif. Car ce que nous ne voyons pas assez quand nous sommes malheureux, c'est que nous avons souvent demandé à l'être. Nous nous sommes trompés de route et nous en subissons la juste conséquence. Facile à dire, objecterez-vous, mais pour bien choisir, encore faut-il se connaître. Je vous répondrai que, pour bien se connaître, la méthode est simple : trompez-vous souvent.

C'est en commettant des erreurs que l'on détermine ce qui nous convient et ce qui ne nous convient pas. C'est en faisant des fausses notes que le musicien apprend peu à peu à placer ses doigts sur le manche de son violon. Pour la conduite de notre vie, nous avons une sonnette d'alarme : le malheur. Le problème, c'est que nous refusons d'entendre cette alarme...

Deux vieilles dames sont au restaurant en train de picorer dans leur assiette.

— Ce n'est pas bon, dit l'une.
— Et en plus, ce n'est pas copieux...

Au lieu de repousser une nourriture indigeste, nous demandons un deuxième service ! Nous nous crispons dans nos comportements erronés et nous les érigeons en système, nous obstinant, coûte que coûte, à y voir le meilleur rendement possible. C'est ainsi qu'on plonge lentement mais sûrement dans la névrose.

À la vérité, il n'est pas facile d'avouer et surtout de s'avouer ses erreurs. L'automobiliste qui, pour éviter un embouteillage, s'engage dans un « raccourci » inconnu préfère s'enfoncer toujours plus loin dans un labyrinthe qui l'éloigne de son but plutôt que de faire demi-tour.

Nous avons oublié ce que les enfants savent très bien : il n'y a pas d'échecs, il n'y a que des essais négatifs. Parce que nous ne réussissons pas, nous nous prenons pour des ratés. Alors qu'il faut admettre que, dans un processus de développement, il y a forcément des erreurs et que celles-ci sont précisément des jalons qui nous renseignent et nous remettent sur la bonne voie. « Là, je me suis encore trompé, je dois essayer ailleurs. » En fait, nous faisons tous du karma yoga sans le savoir. Le karma yoga, c'est le yoga de l'action : quoi que nous fassions, nous recevons toujours le retour de nos actes. Si l'on mange, c'est bien ; si l'on mange trop, on a une indigestion. Le but du jeu, c'est de se trouver soi-même, de cerner ses capacités comme ses limites. Peu à peu, on s'améliore. Ne nous reprochons donc pas nos égarements : ils sont nos meilleurs outils.

Je crois que l'homme est sur Terre pour apprendre. Il n'y a ni bon ni mauvais, ni gagnant ni perdant, mais des êtres à des stades différents de développement. Nous évoluons de l'ignorance vers la connaissance comme nous sortons du malheur pour nous hisser vers le bonheur.

Évidemment, je peux me tromper du tout au tout... Mais c'est ce que j'ai trouvé de plus efficace pour vivre et pour aider mes patients.

Un assoiffé de vérité cherchait désespérément le gourou qui pourrait enfin lui expliquer le sens de la vie. Il était allé partout, de temples en monastères, sans trouver son guide. Enfin, on lui indiqua un très vieux sage qui vivait dans une cabane tout en haut de la montagne himalayenne. Il s'y précipita et trouva le vieil homme en position du lotus, les yeux fermés par une profonde méditation.

— Quel est le sens de la vie ? demanda notre homme.

— La vie est un torrent qui coule..., lui fut-il répondu.

— Ce n'est que ça ?

À ces mots, le vieux sage ouvre subitement les yeux.

— Quoi, ce n'est pas ça ?

Comme lui, j'ai peut-être tout faux. Après tout, c'est secondaire, car *ce n'est pas la vérité qui m'intéresse, mais le bonheur.*

CHOIX DE VIE

- La jeunesse, la beauté, la richesse, l'intelligence et même l'amour ne sont pas des garants de bonheur. Acceptez donc les inégalités au lieu de vous y résigner.
- Profitez de vos propres chances, faites vos choix, et mettez à profit vos erreurs. Il n'y a pas d'échecs, il n'y a que des essais négatifs ; recommencez ! La clé du bonheur est un long effort : il est difficile que cela devienne facile !

Ne pas confondre risque et danger

Un monsieur bien mis est assis dans un compartiment du train Paris-Lyon qu'il partage avec une unique passagère. Subitement, l'homme se lève, baisse la fenêtre, dénoue une bourse accrochée à sa ceinture et y puise une pincée de poudre qu'il jette au vent. Puis il referme la fenêtre et se rassied avec l'apparence d'un vif contentement.

Toutes les demi-heures, il va renouveler son étrange manège sous le regard étonné de la dame en face de lui. La quatrième fois, dévorée de curiosité, la passagère n'y tient plus :

— Pardonnez-moi, monsieur, je ne voudrais pas me montrer indiscrète, mais pourriez-vous me dire ce que c'est que cette poudre que vous jetez ?

— Oh, ça ? répond l'homme avec amabilité. C'est de la poudre anti-éléphants.

La femme en reste un moment bouche bée.

— Mais voyons, nous sommes entre Paris et Lyon ! Il n'y a pas d'éléphants dans cette région !

L'homme lui adresse un clin d'œil triomphal :

— Elle est efficace, hein, ma poudre ?

Comme ce « fou », nous passons notre temps à nous protéger des dangers qui n'existent pas. Nous nous promenons dans le monde avec une épaisse armure sur les épaules et nous finissons par nous habituer à son poids. Vivre sans elle nous semble désormais impensable. Le voudrions-nous que nous ne saurions plus nous en défaire, tant cette cotte de mailles est devenue une seconde peau. « Comme s'affolent des enfants qui s'effraient de tout dans les noires ténèbres, ainsi en pleine lumière il nous arrive d'appréhender des périls qui ne sont pas plus à craindre que ceux dont s'épouvante l'imagination des enfants » : ce n'est pas moi qui le dis mais Épicure.

Nous hésitons à donner notre amour de crainte qu'on en profite, nous nous méfions de celui qu'on nous offre comme d'une prison dorée. Avec nos amis comme avec nos collègues de bureau, nous éviterons un conflit ouvert, sain et assainissant, par peur des conséquences : nous préférons nous enliser dans la sécurité précaire du *statu quo*, fût-elle, en matière de convivialité, une bombe à retardement. Nous n'exprimons pas nos sentiments parce que nous discernons là un danger confus : qui sait ce qui va sortir et comment cela sera reçu ?

Notre attitude frileuse fait, bien sûr, le bonheur des assureurs, à défaut du nôtre. J'ai un ami qui, pour assurer sa voiture qui n'est plus toute jeune, dépense chaque année l'équivalent de la valeur de son véhicule. Je me suis demandé pourquoi il le faisait. Pour se valoriser par la « valeur » de sa voiture ? J'ai gaspillé des heures et noirci des pages de chiffres pour tenter de lui démontrer que cela ne valait pas la peine et qu'il jetait son argent dans un tonneau sans fond.

Je ne devrais pas le critiquer, d'ailleurs. Après tout, nous en sommes tous là. Nous ne voyageons plus sans être bardés de garanties multiples, certaines maisons sont « protégées » contre les risques d'explosion nucléaire (!), nous allons jusqu'à cotiser pour prévenir les ennuis de santé de nos animaux domestiques. Il doit même bien exister, je suppose, des assurances contre les assureurs qui ne remboursent pas...

Le résultat, c'est que nous vivons dans des cocons, engoncés dans nos petites vies tièdes : c'est le prix de la sécurité. Mais la sécurité ainsi conçue mène-t-elle au bonheur ?

Les citoyens ont trop tendance à croire que la société leur doit protection : ils réclament le droit à la santé, le droit à la Sécurité sociale, etc. Pour ma part, je crois qu'ils font fausse route. Le monde ne nous doit rien. À nous d'assumer les risques de la vie.

Car le fond du problème est là : *on confond risque et danger*. Ainsi, quand j'expose aux autres les principes de ma thérapie, qui est fondée sur l'expression de sentiments refoulés et douloureux, ils me regardent avec de grands yeux et demandent invariablement :

— Mais est-ce que tout cela n'est pas dangereux ?

Toute entreprise à risque leur apparaît comme périlleuse et donc à proscrire. Il faudra quand même admettre un jour que la vie est pleine de risques et qu'on ne peut pas la passer à s'enfermer chez soi pour se protéger ! Certes, il est agréable de rester à l'abri quand l'orage tonne dehors. Mais si je sors, je pourrai aussi apprécier le spectacle violent de la nature, la beauté des éclairs, la force revigorante des rafales de vent. Je vivrai plus intensément ! Car la politique de la protection à outrance est condamnée dans son principe même : celui qui atteint une sécurité à cent pour cent ne vit pas mieux, il passe à côté de la vie.

Quant aux garanties que nous pourrions nous-mêmes offrir aux autres, elles sont illusoires. Certains s'imaginent, par exemple, qu'ils doivent « assurer » leur partenaire de leur amour. Eh bien, ils peuvent se préparer à ramer ! Car si l'on rassure quelqu'un de cette manière, c'est qu'on pose comme *a priori* qu'il doute... et le doute s'installe ! On passe les trois quarts de la relation en dénégations et en protestations de foi. Le bonheur de l'amour, là-dedans, on l'oublie...

Aussi, dans mes groupes de thérapie, ne suis-je pas là pour rassurer les patients. Ce serait leur laisser entendre qu'ils ont quelque raison d'avoir peur. Je dois au contraire leur apprendre à affronter le réel, à ne pas reculer devant l'expression de la violence qui est en eux. Le danger n'existe pas là où ils le croient : il existe par rapport à eux.

Certains psychanalystes ou autres thérapeutes estiment qu'il faut éviter les émotions fortes. Ils voudraient que notre barque reste sous le vent, bien ancrée dans la baie. Moi, j'affirme qu'il est aussi très bon d'aller un peu au large, en pleine tempête, à prendre des paquets de mer. De toute façon, c'est la fixité qui est problématique. Être toujours dehors, ou toujours dedans, non. Il est bon d'alterner les plaisirs et de savoir prendre des risques.

Car, au fond, j'ai confiance en l'homme. Nous sommes beaucoup plus solides que nous le croyons. Et ne dit-on pas que c'est dans l'adversité que se révèle souvent notre vraie valeur ?

Supprimer l'angoisse inutile

- La vie est faite de risques. S'hyperprotéger revient à ne pas vivre. Quant à la peur, non seulement elle n'empêche pas le danger, mais elle nous ôte souvent les moyens d'y faire face.

L'espoir ne fait pas vivre :
il empêche de vivre !

Dans ce petit village, situé sur la rive d'un fleuve, habite un brave homme connu de ses voisins pour son infatigable croyance en la providence divine. Mais voilà qu'une forte crue menace le village. Tous se préparent à l'évacuation. On vient avertir notre bonhomme :

— La zone va être inondée, il faut partir...

— Pas question, répond-il fermement. Partez si vous voulez, moi, je ne bouge pas ! Je crois en Dieu. Il veillera sur ma maison.

L'eau a franchi la digue. Toute la population déserte le village.

— Alors, c'est décidé, tu ne viens pas avec nous ?

— Non !

Les pompiers viennent chercher le récalcitrant :

— Il n'y a plus une minute à perdre. Ne faites pas l'imbécile !

— Allez-y, partez, moi, je ne bouge pas de chez moi !

L'eau envahit son rez-de-chaussée. Il monte sur le toit et se tourne vers le ciel :

— Mon Dieu, j'ai confiance en Toi, je sais que Tu ne m'abandonneras pas !

Une équipe de secouristes arrive en hélicoptère et lui lance un filin :

— Dépêchez-vous, ça va encore monter.

— Non, j'ai confiance en Dieu. Il va intervenir et me sauver.

On l'abandonne à son sort. La crue l'emporte. Il se noie. Il arrive au Ciel. Là, furieux, il s'en prend à saint Pierre :

— Alors, qu'est-ce que c'est que ce travail ? Dieu m'a abandonné. J'attendais une aide de la Providence, et Il n'a rien fait !

— Il n'a rien fait ? s'offusque alors saint Pierre. Et les avis d'inondation, et les pompiers, et l'hélicoptère, qui croyez-vous qui vous les envoyait ?

Combien d'entre nous agissent ainsi ! Nous appelons le bonheur, nous attendons qu'il vienne frapper à notre porte et ne saisissons aucune des opportunités qui se présentent à nous. Nous finissons même par être pleins de rancœur à l'égard de cette « garce de vie » qui n'a pas répondu à nos attentes !

Nos attentes… C'est bien de cela dont il est question. Nous *attendons* d'être reconnus, d'être aimés, de gagner à la loterie. Parfois des années, parfois toute une vie. Cela nourrit notre frustration car attendre quelqu'un, c'est bien souvent s'irriter de son absence. Quinze minutes passées sur un quai de gare à guetter l'arrivée d'un train paraissent toujours beaucoup plus longues qu'un quart d'heure de lecture ou de travail, pendant lequel notre esprit est tout entier absorbé dans ce qu'il fait.

Car attendre « dans le vide », c'est rêver l'avenir sans mettre le présent à sa disposition. Si l'on a un projet en tête, il faut s'en occuper et non vivre « dans l'espoir » qu'un jour, peut-être, nous irons mieux, tous nos problèmes seront résolus, la roue tournera et nous apportera enfin la fortune ou l'âme sœur. Rêver ainsi, c'est confondre l'illusoire et l'imaginaire. L'imagination est créative, l'illusoire est l'opium de l'attente et empêche toute réalisation. Nous prenons notre mal en patience. Expression révélatrice qui illustre bien toutes les douleurs incroyables que nous arrivons à supporter à cause de l'espoir. Nous n'essayons plus de remédier à notre sort puisque demain y pourvoira. Nous nous désintéressons du monde autour de nous, incapables d'en profiter puisque nous avons mis toute notre énergie dans la visée d'un paradis à venir. Comme d'autres la souffrance, certaines personnes finissent par érotiser l'attente. Ils ne vivent pas, et s'imaginent qu'ainsi ils ne peuvent pas mourir...

Cette attitude catastrophique face à l'existence est souvent héritée de l'enfance. Parce qu'il n'est pas encore autonome, l'enfant n'a pas toutes les données en main pour atteindre le bonheur. Un jour, il pourra voler de ses propres ailes, mais pour le moment, les circonstances extérieures le contraignent à rester en « stand-by ». Mais cette attente forcée lui fait prendre une mauvaise habitude. Le mécanisme psychique qui le sauve de sa faiblesse risque aussi de causer sa perte, s'il vient à se faire permanent. C'est l'histoire du naufragé qui s'agrippe à une planche pleine de clous pour éviter la noyade. Il échoue enfin sur la grève, on lui porte secours. Mais il refuse catégoriquement de lâcher cette planche qui est celle de son salut. En dépit des blessures que lui infligent les clous, on aura toutes les peines du monde à le convaincre que, désormais, il peut vivre sans ce flotteur.

Quelle pagaille que cet espoir ! Nous croyons qu'il nous permet d'échapper à une réalité trop pénible, et nous ne voyons même pas qu'il est en grande partie responsable de nos malheurs. Et qu'il est difficile d'y renoncer ! Le proverbe dit que l'espoir fait vivre mais je crois en réalité qu'il nous tient : nous sommes prisonniers de nos rêves et esclaves de cet esprit qui vagabonde sans cesse vers de lointaines utopies.

Un pêcheur libère un génie qui était contenu dans une bouteille. Ce génie a pour règle d'exaucer tous les vœux de son sauveur mais il n'attend que l'occasion de le dévorer. Le pêcheur doit faire tout son possible pour le tenir constamment occupé.
— Construis-moi un palais avec trente tours, lui ordonne-t-il.
En un mois, le palais est achevé.
— Je veux des danseuses et un orchestre.
Son souhait est bientôt réalisé.
— Je veux le plus fastueux des banquets.
Aussitôt dit, aussitôt fait. En désespoir de cause, le pêcheur va chercher conseil auprès d'un gourou.
— Dis-lui de dresser un pylône de cinquante mètres de haut et de monter et descendre sans s'arrêter le long d'une corde...

Notre esprit est notre mauvais génie. Il a besoin d'être guidé et attaché, sinon il nous promène à sa guise, de vagues espoirs en fausses illusions. On ne peut d'ailleurs pas le lui reprocher puisque c'est sa nature d'explorer ainsi tous azimuts. Mais il a besoin d'une tâche qui le ramène en permanence dans le présent.

* * *

C'est ce que j'essaie de faire avec les patients qui ne vivent qu'en imagination. *Mon rôle consiste à les désespérer.* Tant qu'il y a de l'espoir, il n'y a pas de vie réelle, authentique. S'ils lâchent un moment l'espoir, ils pourront peut-être s'apercevoir que la réalité existe et qu'elle n'est pas si dramatique qu'ils le pensent, et même loin de là. Et que, de toute façon, c'est tout ce que nous avons à vivre. Dès lors, il n'est pas nécessaire de faire la fine bouche. Ils s'apercevront alors que ce qu'ils espéraient si ardemment, et dont ils faisaient la condition *sine qua non* de leur bonheur, n'est finalement pas vital pour eux. Ils n'ont plus besoin de devenir vedette de cinéma ou major de l'École polytechnique pour être heureux.

L'espoir a un frère jumeau, piège psychique peut-être plus pernicieux encore : c'est le regret. Au lieu de trouver refuge dans des lendemains radieux, certains d'entre nous restent bloqués dans le passé. Ou bien ils regrettent les moments heureux au lieu de se réjouir de les avoir vécus ou, pire, ils continuent de désirer quelque chose qu'ils n'ont pas eu. Renvoyé dans le passé, ce désir n'a aucune chance d'être jamais satisfait dans le présent.

On n'a pas tort de dire que les regrets sont éternels. Car on n'en sort pas. On vit alors dans une boucle qui nous ramène constamment en arrière. C'est le cas de ces femmes qui se maquillent outrageusement pour paraître plus jeunes qu'elles ne sont. N'ayant pas pleinement vécu leur jeunesse, elles tentent par tous les moyens de la prolonger. Bataille perdue d'avance... Qui plus est, en se mentant à elles-mêmes, ces femmes passent à côté de leur maturité et de leur vieillesse. C'est toujours un mauvais choix que de vouloir être heureux en niant la réalité.

Le plus grave, c'est que les gens finissent par avoir une conception du bonheur qui n'est que la résultante des manques ou des souffrances qu'ils ont connus dans le passé. Ce sont des paradis de revanche ou de compensation. Or, par définition, le présent est toujours libre du passé et le passé n'engage pas l'avenir. Autrement dit, le bonheur après lequel je cours n'est plus forcément celui qui me conviendrait actuellement. L'enfant qui a connu la pauvreté peut bien amasser ensuite les millions toute sa vie, cela ne rendra pas nécessairement heureux l'adulte qu'il est devenu.

Méfions-nous donc de nos rêves de paradis. Bien sûr, personne ne vous empêche d'être heureux en rêvant, si cela vous chante. Mais sachez que c'est une condamnation à perpétuité, le rocher de Sisyphe : car, si on s'arrête un seul moment de rêver, on se heurte à la réalité, et d'autant plus rudement que nos rêves nous avaient entraînés plus haut. Pour moi, je crois qu'on a toujours intérêt à coller au réel plutôt que de vivre d'espoir ou de regrets. Ainsi, on ne peut jamais tomber de bien haut, puisqu'on n'a pas quitté terre...

VIVRE LE PRÉSENT

- *Espoir* : organiser ses actions dans un but précis, c'est bien ; mais espérer des miracles problématiques, c'est attendre... souvent en vain.
- Au lieu de « prendre votre mal en patience » et de rêver votre vie, ramenez votre esprit vagabond dans la tâche du PRÉSENT.
- *Regrets* : ils représentent l'ancrage dans le passé. Or, le PRÉSENT doit être libre du passé, et ce passé ne doit pas engager votre avenir. Les paradis dont vous avez été privé jadis ne sont plus fatalement ceux qui vous conviendraient aujourd'hui. Alors pourquoi courir après ? Réajustez vos projets en fonction de ce que vous êtes devenu. Et gardez en mémoire que, comme le dit Gide, « rien n'empêche le bonheur comme le souvenir du bonheur ».

Ne déclarons pas une guerre que nous ne pouvons pas gagner

Influencé par mes lectures d'adolescent, je me suis longtemps dit bouddhiste. J'avais dévoré quantité de livres pris dans la bibliothèque de mon grand-père, passionné de mystique orientale. Sans doute inspiré par une vision limitée du bouddhisme, je m'étais mis en tête que, pour être heureux, il fallait se détacher de ses « bas instincts ». La vie était souffrance et le vrai sage était celui qui parvenait précisément à ne plus sentir sa propre souffrance, physique ou morale. Il devait pouvoir la regarder en témoin.

Peu à peu, cette position stoïque m'est apparue comme une erreur. Ou plutôt, elle a cessé de me satisfaire. Je me suis rendu compte qu'à trop vouloir me couper de tous les affects un tant soit peu déplaisants, je finissais par me couper de la vie. Suivre une partie de tennis sur la chaise de l'arbitre, cela peut être intéressant un moment, mais vient un temps où l'on a envie d'être sur le terrain, de se jeter dans l'action, même si l'on sait que l'on va suer et attraper des crampes. Quand on s'acharne à rester en dehors de tout, on finit par se priver du plus précieux : la sensation. Ne plus vouloir souffrir équivaut en définitive à jeter le bébé avec l'eau du bain : c'est s'interdire l'essentiel, c'est-à-dire le plaisir de se sentir vivre. N'est-ce pas un coût trop élevé ?

Pourtant, c'est un vœu commun que de « ne plus avoir mal », une expression qui devrait nous mettre la puce à l'oreille, car elle compte trois mots négatifs sur quatre. J'ai toujours pensé que l'homme était un être « factoriel ». C'est-à-dire que le moindre facteur négatif intégré dans son comportement l'affecte tout entier. Exactement comme dans une équation mathématique. Si je prends l'équation positive $A + B + C = D$ et que je place devant le premier segment le multiplicateur -1, c'est tout l'ensemble qui devient négatif : $-1 (A + B + C) = -A - B - C = -D$. Autrement dit, la position que beaucoup d'entre nous adoptent, et qui peut se résumer ainsi : « Au moins, j'ai moins mal », est forcément une attitude restrictive. On dira ce qu'on voudra, mais « moins de malheur », c'est tout de même un objectif très différent et beaucoup moins intéressant que « plus de bonheur » !

De toute façon, nier la souffrance est une tâche impossible pour la bonne et simple raison que la vie est faite de joie et de tristesse, de plaisir et de douleur. L'un ne va pas sans l'autre, de même qu'il n'y aurait pas de nuit s'il n'y avait pas le jour. Un poète français de la fin du XVIe siècle écrivait que « se plaindre de sentir des ennuis et des peines, c'est se plaindre d'être homme et non arbre ou rocher ». Il faut renoncer une fois pour toutes à prier le Ciel qu'il nous épargne les chagrins ou les revers de fortune. Le « bonheur tout le temps » n'existe pas, en tout cas pas tel que nous le représentent les images d'Épinal de la félicité paradisiaque...

J'ai chez moi un petit objet auquel je tiens beaucoup et qui m'a été offert par la première patiente schizophrène que j'ai guérie. Il s'agit d'une dent de brontosaure qui a quelque soixante millions d'années. Si j'y tiens autant, c'est que cette dent a une carie... Tous les êtres vivants, de tout temps, ont fait comme nous l'expérience de la douleur. Inutile donc de nous enfouir la tête dans le sable. Les souffrances, aussi bien physiques — comme dans la maladie — que morales — comme l'absence d'un être cher —, font partie du monde. Alors, si ces malheurs sont incontournables, pourquoi vouloir les contourner ? *Ne déclarons pas une guerre que nous ne pouvons pas gagner.* Puisque la souffrance existe, la seule chose qui nous reste à faire, c'est d'apprendre à en profiter.

Je crois qu'il est dommage — et dommageable — de mettre son énergie à éviter quelque chose, quand toute cette énergie devrait être mise à la vivre. Ne perdons pas notre temps à imaginer un monde « meilleur », profitons de celui qui nous est offert. Cela ne signifie pas évidemment qu'il faut sauter de joie quand on vous annonce la mort d'un ami, ou se frotter les mains d'aise à l'approche d'une catastrophe ! Mais lorsqu'une tristesse se présente, la seule chose à faire... c'est d'être triste, et de s'abandonner à ce qui est là. Toute l'énergie doit être mobilisée pour sentir. Accepter la souffrance est bien plus beau que de la refuser, car c'est une expérience plus riche, plus intense.

Il en est de même pour la vieillesse. On ne peut retenir le passage du temps mais on peut apprendre à jouir de cette période de notre vie comme des autres. C'est intéressant de s'apercevoir qu'on a perdu cela, mais qu'il reste ceci, de sentir se développer une activité plus cérébrale que physique... En tout cas, toute autre attitude serait désastreuse.

On ne peut changer la réalité mais on peut modifier la façon de l'appréhender. Lorsqu'un être cher disparaît, nous sommes confrontés à un fait brutal mais indéfectible. Si nous voyons que la peine causée par cette mort tient à la beauté de l'amour que nous avions pour la personne décédée, nous transformons le même phénomène en quelque chose de très doux, dont nous sommes fiers, parce qu'il fait partie de notre histoire. Pourquoi s'interdire des larmes qui sont la trace de notre attachement pour le défunt ? Nous devons au contraire pleurer avec délices. « Cette tristesse me coûte assez cher, je ne vais pas en plus passer à côté et manquer le bonheur profond de vivre ce qu'il y a à vivre. » *Éviter la souffrance ne serait qu'une souffrance supplémentaire.*

Je ne dis pas qu'adopter cette attitude va métamorphoser votre douleur en joie radieuse. La douleur reste, mais le retour que vous en aurez sera positif. C'est déjà un progrès énorme et c'est, me semble-t-il, le meilleur moyen d'envisager le problème. On admet de manquer, de perdre notre toute-puissance fantasmatique sur la vie. Faire le deuil, c'est reconnaître que l'autre manquera toujours, mais c'est aussi permettre la cicatrisation de la blessure, au lieu de se morfondre dans le regret. Tâchons de nous dire : « Je m'aime tellement que je vais me consoler, trouver d'autres raisons d'aimer et d'être heureux ; je vais désinvestir sur cette personne — ce qui va me coûter de la douleur (prix de l'amour) —, puis je vais réinvestir sur d'autres êtres. »

Cela peut paraître dur et sauvage, mais c'est la loi de la vie. Si l'autre a disparu, je dois en trouver un autre car j'ai besoin de lui pour vivre. Cette loi si dure, c'est celle de l'amour.

Faire son deuil, c'est donc s'abandonner à une peine avec plancher. Dans le regret, il n'y a pas de plancher, et on risque alors de sombrer. Pleurons avec délices, oui, mais prenons garde à ne pas nous complaire dans cette tristesse. C'est, malheureusement pour eux, ce que font beaucoup de gens. Ils finissent par « érotiser » la souffrance, ils prennent du plaisir à la prolonger. Un plaisir qui n'est certainement pas le plus grand de tous, mais qui n'en est pas moins réel, et donc très difficile à combattre. Mais c'est le jeu qu'ils ont décidé de vivre...

Ils valorisent la douleur en croyant que cela va leur faire gagner le paradis. « Si je suis malheureux, raisonnent-ils, alors on va m'aider ou m'aimer davantage. » Comme autrefois, lorsque la mère venait consoler le petit garçon ou la petite fille qui avait un chagrin. C'est vivre sur des chimères du passé et jouer à qui perd gagne.

Beaucoup s'imaginent aussi qu'ils auront plus de mérite s'ils souffrent. « Ah, si vous saviez comme j'en ai bavé... » C'est une erreur de croire que mener une vie difficile donne des droits. On ne vaut pas plus parce qu'on souffre. Mais les gens croient qu'ils vont prendre barre sur la réalité grâce à leur ascèse. Ce n'est que de l'amputation systématique en vue d'obtenir une récompense.

En réalité, je n'ai jamais rencontré un seul vrai masochiste. Mais j'ai rencontré quantité d'êtres qui croyaient qu'il fallait souffrir pour obtenir ce qu'on voulait. Ils n'aiment pas avoir mal à proprement parler, mais ils croyaient que c'était le prix à payer. Une fois qu'on leur faisait sentir qu'ils pouvaient avoir la même chose sans cultiver la douleur, ils renonçaient à ce mode de fonctionnement beaucoup trop pénible.

Ne cherchons pas la difficulté. Il n'y a rien de plus

simple que le bonheur. Plus c'est facile, plus c'est humain. Si l'on peut vous déposer sur le sommet de l'Everest en hélicoptère, pourquoi vous embarrasser à l'escalader à la force du poignet ? À moins, bien sûr, de le faire pour le plaisir de l'escalade — ce qui est un tout autre but.

Accepter

- Vivre la souffrance est la seule façon de la diminuer et de s'en servir. Mais s'y complaire est un plaisir suspect. Ne cultivez pas la douleur : souffrir ne confère aucun mérite, sinon celui de mieux comprendre la vie.
- Sachez faire le deuil de ce que vous avez perdu, mais profitez de ce qui reste et de ce qui vient.

On n'aime vraiment que sans condition

Nous avons tous plus ou moins tendance à penser que, sans les autres, sans leur agressivité, sans les diverses pressions ou chantages affectifs qu'ils exercent sur nous, nous serions les plus heureux des hommes. « Si j'étais seul sur une île déserte, s'imagine-t-on naïvement, au moins je serais tranquille et je pourrais mener ma vie comme bon me semble. »

Pourtant, il suffit d'un second regard pour s'apercevoir que ce rêve est aussi absurde qu'impossible. L'autre existe : c'est un fait, une réalité incontournable avec laquelle nous devons nous accommoder. « Je peux bien aller m'enterrer dans une grotte ou méditer en ermite dans le désert du Hoggar, l'autre n'en existera pas moins. Pas seulement « ailleurs », mais en moi, comme nous l'a prouvé la psychologie moderne. Nous n'y pouvons rien. J'ai besoin du monde puisqu'il est là. J'ai besoin de l'autre, puisqu'il existe. La partie ne saurait être indépendante du tout. »

Vouloir nier l'autre est une illusion complète. Si vous êtes dans un compartiment et que vous faites semblant de dormir pour ne pas parler avec votre voisin, vous croyez peut-être ne pas communiquer. Pourtant vous communiquez encore votre refus de communiquer... Quand deux personnes n'arrivent pas à s'entendre et se disent : « C'est inutile, nous n'avons rien à nous dire », elles viennent pourtant de se parler. Voir en l'autre un adversaire, c'est donc s'enfermer dans un choix impossible et se condamner irrémédiablement aux conflits et au malheur.

L'autre fait partie du jeu. « Pourquoi me priver d'un partenaire, même s'il joue à la déloyale ? » La masturbation est peut-être gratifiante un moment, mais on m'accordera qu'à moins d'être complètement névrosé, il est encore plus intéressant de faire l'amour à deux. Ou, si l'on préfère une autre image, nous connaissons tous le bruit que font deux mains qui claquent ; mais quel est le bruit d'une seule main ? Gide disait : « Il n'y a pas de chef-d'œuvre en collaboration. » Je pense exactement le contraire : le plus grand des chefs-d'œuvre, la Création, n'a de sens que parce que nous y jouons tous ensemble. La solitude est synonyme de stérilité.

Si nous avons tellement peur de l'autre, c'est, nous l'avons dit, que nous nous croyons séparés de lui. Tout le chemin consiste à prendre conscience qu'il n'y a pas de séparation, mais seulement une différence. Nous sommes tous faits du même matériau. Une boucle d'oreille en or et un bracelet en or n'ont peut-être pas la même forme, mais le bijoutier sait bien que ce sont des variations du même métal. Peut-on m'expliquer ce qui sépare radicalement un homme d'un autre, un Blanc d'un Noir, un Serbe d'un Croate ?

Le psychologue Jean Piaget a relevé que, jusqu'à sept ans, les enfants n'ont pas la notion de la conservation de la matière. Tous vous diront qu'un kilo de plomb est plus lourd qu'un kilo de plumes. Ou encore, si l'on verse devant eux la même quantité d'eau dans un bol creux et dans un vase étroit, les jeunes enfants ne reconnaîtront pas que le contenu est identique, ils maintiendront qu'il y a davantage de liquide dans le second récipient.

Après la conservation de la matière, le stade supérieur de développement serait de reconnaître la conservation des sentiments. Sous l'apparente diversité des formes, les émotions et les sentiments existent à un niveau d'égalité en chacun d'entre nous. Cette prise de conscience, c'est ce que j'appelle « la réversibilité thymique » : « Je reconnais l'identité d'humanité et de nature entre l'autre et moi. Et si je le "reconnais", c'est que l'autre était déjà en moi. »

Les scientifiques disent que le monde est fait d'atomes dont l'arrangement est différent mais qui ne sont pas séparés de la trame même de l'univers. Les mystiques ne disent pas autre chose depuis des millénaires...

Aborder l'autre de cette manière, c'est faire de notre rencontre une joie de la reconnaissance, et non une inquiétude de l'exclusion. « Si je sais que, sous le masque, partout, c'est un autre "soi", alors je peux trouver partout du plaisir et de la joie. » Lorsque les enfants jouent à cache-cache, le vrai bonheur, c'est pour eux de se trouver : celui qui se cache si bien que personne ne le découvre sera déçu. On devrait peut-être suggérer aux enfants d'appeler ce jeu « le jeu de trouve-trouve »...

« Si l'autre est mon égal, alors je ne peux logiquement que l'aimer et le respecter. » C'est le message essentiel du Christ : « Aime ton prochain *comme toi-même.* » Quand on a dit cela, on a tout dit.

Une chose pourtant... Aimer l'autre comme soi-même, cela signifie aussi : ni plus ni moins. C'est-à-dire que le « moi » ne s'oublie pas dans son amour à l'autre.

Car nous sommes semblables... mais différents. Au lieu de nous en inquiéter, nous devrions applaudir ce miracle. En effet, c'est cette variété inépuisable des êtres — je pèse mes mots — qui permet le jeu et qui donne toute sa richesse au monde. « En détruisant l'autre, j'appauvris forcément le monde, donc je m'appauvris moi-même. » Le racisme, la xénophobie, l'intolérance en général sont des positions autodestructrices, car vouloir faire disparaître la différence, c'est se priver de son propre capital.

La seule solution envisageable, du point de vue socioéconomique, c'est-à-dire, en clair, humain, c'est donc l'amour de l'autre. À condition, répétons-le, que cette attitude suppose la distinction entre les êtres et non leur confusion ou leur annihilation, même au nom d'un amour passionné. Je crois que c'est Sacha Guitry qui disait : « L'amour, c'est deux êtres qui n'en font plus qu'un. Je veux bien, mais lequel ? »

* * *

Et en effet, de quelle sorte d'amour nous parle-t-on, qui suppose que l'un soit phagocyté par l'autre ? ou que les deux fusionnent en un seul ? Cette disparition entraîne par définition la monotonie : il y a réduction et appauvrissement là où il devrait y avoir expansion et enrichissement.

À mon sens, on nous a trop raconté que l'amour, c'était avoir besoin de l'autre. Ne voit-on pas que cette conception implique une dépendance, voire une double dépendance, et donc une terrible restriction ? "Esclave de l'amour", je me retrouve enchaîné. Tôt ou tard, j'en ferai grief à ma ou mon partenaire. » Viendront alors la rancune et la frustration.

La vraie difficulté de l'amour, ce n'est pas tant de le trouver : il est partout. C'est d'apprendre à le vivre sans condition. « Je ne dois rien à la personne que j'aime ; elle ne me doit rien parce que je l'aime. Pour être véritablement heureux, nous devons vivre dans la relation, et non dans la dépendance. »

Ainsi, je dis que l'amour, ce n'est pas avoir besoin de l'autre, c'est choisir seul avec qui on veut vivre son besoin. Ce n'est pas du tout la même chose. Dans le deuxième cas, « je reste indépendant, je continue de choisir, si bien que je n'amoindris en rien mes chances de bonheur. C'est parce que je peux quitter ma femme à tout instant que je peux choisir de rester. Je n'ai pas de mission envers l'autre ». L'amour a comme condition *sine qua non* la liberté. *Il faut apprendre à aimer en se préservant soi-même.*

POUR L'AMOUR-LIBERTÉ

- « Je ne dois rien à la personne que j'aime.
- Elle ne me doit rien parce que je l'aime.
- Pour être véritablement heureux, nous devons vivre dans la relation, non dans la dépendance. »
- « Aime ton prochain comme toi-même. » Donc apprends déjà à t'aimer.
- Et aime l'autre comme tu t'aimes : ni moins, ni davantage !
- On n'a aucun intérêt à se sacrifier au-delà de ses limites : l'autre ne doit pas vous phagocyter, l'amour n'est pas cannibale.

La vie, c'est savoir profiter du manque

Quand on demande aux gens pourquoi ils sont malheureux, ils répondent généralement en incriminant un manque quelconque : ils n'ont pas d'amis, ils voudraient une maison de campagne, la beauté ou encore le pouvoir. Parfois, cette insatisfaction n'a pas d'objet clairement identifié mais une chose semble sûre à leurs yeux : ils ressentent une absence, un défaut, et en concluent que l'assouvissement de leurs désirs est le chemin royal vers le bonheur.

Ce qu'ils ne voient pas, c'est que leur sentiment de privation ne s'abolit pas dans la satisfaction mais se reporte indéfiniment sur d'autres objets. Par définition, nos désirs sont illimités, alors que nous sommes, nous, limités. Le manque est donc intrinsèque à notre nature : cousin germain de la souffrance, il fait partie de l'humanité et, en conséquence, toute tentative de l'éliminer est vouée à l'échec. Quand on se lance dans la vie en espérant ne jamais manquer de rien, on est déjà parti perdant. Pour ne donner qu'un seul exemple : la femme ne connaîtra jamais ce que c'est d'avoir un sexe d'homme, et inversement. Inutile d'ergoter là-dessus. Au fond, *la seule chose dont nous soyons assurés de ne pas manquer, c'est le manque.*

Cela permet déjà de lever certaines confusions : puisque nos désirs se renouvellent sans cesse, les assouvir n'est pas la voie royale menant inéluctablement au bonheur. Donc, le seul problème pour un être humain, c'est : comment être heureux au milieu de tous ces manques ? À partir de là, on pourrait dire, certes, avec certains stoïciens ou même avec la sagesse populaire, que le meilleur moyen d'avoir accès à la paix de l'âme, ce serait d'opérer une réduction de nos désirs. Après tout, ils sont certainement plus faciles à modifier que l'ordre du monde, comme le signalait Descartes... Mais le mot de *réduction* a tendance à me hérisser le poil : il est synonyme de *restriction* et de *contraction*, toutes choses allant à l'encontre de notre liberté et, partant, de notre bonheur.

Combler ses désirs ou les amputer... Le premier terme de l'alternative est impossible, le second m'apparaît comme un sacrifice non nécessaire. N'existerait-il pas une troisième voie ? Je crois pour ma part que tout l'art d'être heureux, c'est d'accepter son manque, de l'aimer et enfin d'apprendre à s'en servir. Une acceptation qui n'est pas la résignation. La résignation est triste, l'acceptation est joyeuse. La vie est ainsi faite ? Faisons au mieux pour en tirer profit. C'est tout le principe de la thérapie en Dynamique Émotionnelle.

Être heureux en manquant... Tâche impossible ? Pas sûr. Car le manque n'est douloureux qu'autant que nous y voyons le signe de notre incomplétude et d'un « moindre-être ». On oublie que le manque est aussi ce qui permet la vie. Il faut bien ménager un espace autour de l'axe du moyeu pour que la roue tourne. Et n'est-ce pas le « manque » entre l'homme et la femme qui génère le plaisir ?

Dans tous les domaines d'ailleurs, il dépend de nous que le manque devienne un plaisir. Chacun reconnaîtra, par exemple, qu'il est agréable de ressentir des désirs. Avoir envie, c'est ordinaire, mais le véritable extraordinaire, c'est d'en profiter sans croire que l'on a besoin de satisfaire cette envie pour être heureux. Au lieu d'érotiser l'objet de notre manque, je crois que nous aurions plus de chance d'être heureux en « érogénéisant » le désir, c'est-à-dire en étant tellement content de sentir cette activité et cette tension de notre être que cela deviendrait une fin en soi.

Dans le manque, quel qu'il soit, on vit, on sent. « Si ma fille obtient son baccalauréat, je serai ravi pour elle. Si elle le rate, il me restera la joie d'être triste avec elle... »

De la même façon, quelle chose merveilleuse que de regretter l'absence d'un être cher ! « Ah, s'il était là, nous parlerions de telle ou telle chose... » « Si j'aime quelqu'un, il existe en moi-même en son absence. S'il y a conservation de l'autre en soi, le manque n'est jamais complet. Sorte d'écho de mon amour, il peut lui-même devenir délicieux. » Et dans ce cas, cela signifie qu'on sait l'utiliser pour soi. Le but est atteint.

Sachez faire du manque un plaisir

- Nous ne pourrons jamais satisfaire tous nos désirs. Plutôt que d'y voir une source inéluctable de frustration, apprenons à accepter et à nous servir du manque.
- La tristesse que nous cause l'absence d'un être cher, par exemple, n'est-elle pas le signe de notre amour pour lui ?

Remplissez d'abord votre tonneau : l'égoïsme est aussi une qualité

Imaginons un prisonnier qui se réveille un matin et qui découvre que la porte de sa cellule est grande ouverte. Aucun gardien en vue. Notre homme n'a plus qu'à se lever et à franchir la porte. Pourtant, il décide de rester : il estime en effet qu'il est « de son devoir » de partager le sort des autres prisonniers. Qu'a-t-il accompli en ne profitant pas de l'aubaine ? Rien. Qu'a-t-il apporté aux autres ? Pas davantage. À lui-même ? La maigre satisfaction de vivre le même malheur que tout le monde.

Cela me rappelle une histoire extraordinaire, tout à fait véridique celle-là, qui s'est déroulée pendant la Seconde Guerre mondiale, dans un camp de concentration. Les conditions de détention étaient si draconiennes qu'aucun prisonnier n'avait jamais réussi à s'évader.

Pourtant, un jour, le bruit se répandit parmi les détenus que l'un d'entre eux s'était fait la belle ! Cette nouvelle emplit les cœurs de joie et atténua la souffrance. Les effets ne tardèrent pas à se faire sentir : le taux de mortalité recula sensiblement, les hommes se redressaient, les volontés se raffermissaient, puisant une force nouvelle dans cette évasion que l'on avait crue jusqu'alors irréalisable. Désormais, la possibilité existait, la condamnation cessait d'être une certitude. L'ennemi venait de révéler une faille, et l'esprit de révolte regagnait du terrain.

Quelques mois plus tard, lorsque les troupes alliées ouvrirent enfin les portes du camp, on fit une découverte dans un des baraquements : le prétendu évadé vivait recroquevillé dans une cache aménagée sous le plancher ! Une poignée de complices l'avait nourri pendant tout ce temps-là. Il n'avait en fait jamais mis le pied hors du camp ! Mais chacun avait cru à son évasion et y avait trouvé une raison de s'accrocher à la vie.

On n'aide pas ceux qui sont dans la misère, morale ou matérielle, en se condamnant avec eux mais en leur prouvant par l'exemple qu'ils peuvent eux aussi accéder au bonheur. Un des pièges de l'amour, c'est en effet de croire qu'il faut descendre dans la fosse à purin pour le seul fait d'y être avec les autres. On ne voit pas que c'est probablement le plus mauvais service à leur rendre. Si vous avez la force ou l'opportunité de vous échapper d'un ghetto, quel qu'il soit, n'hésitez pas, saisissez votre chance. Par ce geste, vous direz alors à tous les autres : « Si j'en suis sorti, c'est que vous pouvez en faire autant. » Car, *si un seul homme sait nager, tous peuvent apprendre*. Et si un avion peut voler sans s'écraser, tous peuvent prendre l'air.

Je sens bien ce que cette apologie de l'égoïsme peut avoir de choquant à première vue pour le lecteur. Mais il ne faut pas se voiler la face : la vérité, c'est que les autres voudraient souvent nous attirer dans la fosse à purin. Si le malheur est universel, pensent-ils, alors il n'y a pas à en sortir, c'est le lot de toute l'humanité. Réussir sa vie — j'entends : réaliser son bonheur —, c'est obligatoirement faire apparaître son absence chez les gens qui ne l'ont pas trouvé. Il y a forcément un côté provocateur, comme la richesse au milieu de la pauvreté : cela dérange. Mais je crois que, *si vous voulez être heureux, il faut courir le risque de l'être seul.*

En apparence, et en apparence seulement, cela va à l'encontre d'un enseignement chrétien reposant sur la notion de sacrifice. Mais celle-ci appartient-elle vraiment au message du Christ ? À mon sens, il s'est opéré un détournement progressif. J'ai une petite parabole amusante à ce sujet.

Un maître invite un de ses disciples à dîner.
— Viens, il y aura de la soupe au canard.
Le disciple se régale du délicieux breuvage. Au moment de partir, il demande au maître de lui en remplir une petite gourde. En rentrant chez lui, il rencontre un compagnon dont l'estomac crie famine.
— Je vais ajouter un peu de bouillon, lui dit-il, et je vais partager avec toi.
L'affamé repart tout heureux avec sa soupe diluée. Il croise un ami qui lui dit :
— J'ai entendu parler de la soupe au canard du maître. Fais-moi goûter.
On rajoute un peu d'eau dans le bouillon. Et ainsi de suite jusqu'au dixième bonhomme.
— Je suis un ami de l'ami de l'ami du disciple qui a mangé la soupe chez le maître.
On lui sert un bol, il le porte à ses lèvres et fait la grimace :
— Mais ce n'est que de l'eau salée !
Le maître qui passait par là lui répond :
— C'est la soupe de la soupe de ma soupe...

Les doctrines religieuses sont ainsi faites : chacun y va de son grain de sel, si bien qu'au bout du compte, de dilutions en altérations, on ne reconnaît plus la potion initiale. Je me sens moi-même chrétien et mystique, mais je ne crois pas pour autant que Jésus-Christ ait jamais prôné le martyre.

Qu'est-ce que le don de soi sinon une négation de soi ? Comment espérer parvenir au bonheur si l'on s'oublie soi-même en route ?

Je crois que nous devons commencer par nous occuper de notre bien-être. Remplissons notre tonneau : quand il sera plein, il débordera et tout le monde pourra en profiter. La Bible ne dit pas autre chose, puisqu'elle insiste à plusieurs reprises sur le fait qu'il faut s'aimer soi-même pour pouvoir aimer l'autre. « Comment redonner confiance à quelqu'un qui est déprimé si je ne crois pas en lui ? Et comment croire en lui si je ne crois pas d'abord en moi ? Plus je regorge d'énergie et de joie, mieux je peux les communiquer. »

On le voit, « l'égoïsme » que je prêche n'a rien d'un égocentrisme : il ne s'agit pas de ne penser qu'à soi — position toujours stérile car elle nous prive de la richesse supplémentaire qui s'appelle « l'autre » — mais de penser à soi d'abord, pour la bonne raison qu'on ne peut donner que ce que l'on a...

SOYEZ ÉGOÏSTE !

- Ne pensez pas qu'à vous mais pensez « à vous d'abord ». Dans une relation d'égal à égal, c'est-à-dire entre adultes, ne vous oubliez pas.
- Celui qui n'est pas heureux ne peut pas grand-chose pour le bonheur d'autrui.
- Remplissez votre tonneau : les autres pourront en profiter quand il débordera.

Le don doit être gratuit

En matière de don, toutefois, nous devons bien prendre garde à la fameuse « façon de donner ». Et la meilleure façon de donner, c'est de ne rien attendre en échange, hormis le plaisir de faire plaisir. Ce n'est pas aussi simple qu'on le croit, et beaucoup de sentiments parasites viennent gâcher la fête.

Il y a quelque temps, j'ai offert un magnifique voilier en modèle réduit à mon neveu. Il est parti dans sa chambre en s'extasiant devant son nouveau jouet. Mais deux minutes plus tard, je l'ai entendu crier avec une sorte de jubilation :
— C'est cassé !
J'ai sauté en l'air dans mon fauteuil.
— Tu as cassé mon voilier ?
Aussitôt, je me suis rendu compte qu'en employant ce possessif, je manifestais que je n'avais pas vraiment « donné » ce jouet. Il était encore ma propriété, mon neveu n'avait pas le droit d'en disposer à sa guise. Peut-être avais-je essayé d'acheter ses remerciements pour ma « générosité » ?

Réfléchissez-y et vous verrez qu'il est difficile de donner sans se préoccuper totalement de ce que l'autre va faire. À mon cabinet, j'ai parfois des patientes qui m'apportent des fleurs. Par provocation, il m'arrive souvent de les offrir presque aussitôt à quelqu'un d'autre. Je vois bien que les donatrices le prennent mal. Mais si c'est donné, c'est donné, non ? Je devrais pouvoir en faire ce que je veux.

Les responsables d'organisations humanitaires se méfient comme de la peste des gens qui viennent frapper à leur porte en affirmant vouloir se consacrer corps et âme aux grandes causes pour donner un sens à leur vie. Ce dévouement *a priori* louable repose sur une fausse équation mentale qu'ils se sont forgée et qui consiste souvent à dire : « Si j'aime quelqu'un, je lui dois quelque chose. » Inconsciemment, ils espèrent peut-être parvenir à une autre équation, tout aussi fausse, tout aussi néfaste : « Si je te donne, tu me dois quelque chose. » La gratitude, peut-être, et une certaine forme de reconnaissance sociale et humaine...

En fin de compte, on est en droit de se demander s'il existe un altruisme intégral puisque « j'y ai toujours un intérêt personnel » — ce qui est d'ailleurs la moindre des choses. Car s'occuper des autres, c'est bien — « c'est ce que je fais » —, mais n'oubliez pas que vous le faites pour votre seul plaisir — ce qui est déjà énorme — et que vous n'avez rien à en attendre de plus. Sinon vous vous épuisez en quête de reconnaissance, et dès lors il est normal que vous soyez frustré, donc malheureux.

Tous les rapports humains devraient selon moi être régis par la loi du double intérêt : c'est-à-dire que chacun doit trouver son compte dans la relation, quelle qu'elle soit. Et disons que l'altruisme, même non intégral, existe lorsque « mon intérêt à aider ne dépasse pas le simple plaisir de reconnaître que l'autre est une partie de moi et que je suis heureux de le rendre heureux ».

Alors tout devient facile. Lorsque j'effectuais mon service militaire en Algérie, un vieux pêcheur était venu me trouver en me demandant de soigner sa femme qui souffrait de troubles cardiaques. Je l'ai soignée avec les moyens du bord et le peu de médicaments dont nous disposions. Lorsque le pêcheur m'a demandé quels étaient mes honoraires, je lui ai répondu qu'il ne me devait rien du tout et, par plaisanterie, j'ai ajouté que, de toute manière, la mer me le rendrait. Trois semaines plus tard, je prenais un bain de soleil au bord de la plage avec un ami lorsque soudain nos yeux se sont portés vers une grosse vague qui approchait. Nous avons vu quelque chose qui frétillait dans la crête du rouleau, comme un éclair lumineux. En s'écrasant sur le rivage, la vague a jeté sur le sable, à nos pieds, un magnifique poisson d'un mètre de long.

— C'est le poisson du pêcheur, ai-je dit aussitôt. C'est la mer qui me l'envoie.

Nous l'avons ramené au quartier général et nous avons organisé un petit festin. Je ne peux pas vous dire comment ni pourquoi, mais je sais que la vie marche ainsi. Donnez gratuitement et vous recevrez.

FAITES DES CADEAUX, PAS DU TROC !

- La seule façon de donner, c'est de ne rien attendre en retour. Or, très souvent, lorsque nous offrons — un objet, de l'aide ou notre amour —, c'est que nous espérons un gain personnel.
- Tâchez de voir clair dans vos mobiles et efforcez-vous de donner « pour votre plaisir ». Le plaisir de l'autre, c'est en plus.

Les fruits ne sont pas pour l'arbre

Est-il une affaire plus délicate et plus lourde de conséquences sur notre aptitude au bonheur que les rapports entre les enfants et leurs parents ? Tout, ou presque, se joue ici. L'homme se construit essentiellement dans les cinq premières années de sa vie.

On s'imagine trop facilement que les humains naissent humains. C'est inexact : ils naissent animaux et ils le resteraient sans doute si les parents, ou la nourrice, ou un quelconque tuteur, ne les faisaient lentement évoluer vers le champ de l'humanité.

Le besoin d'être aimé est fondamental pour l'enfant. Dans le cas de figure idéal, c'est au travers de l'amour de ses parents qu'il va peu à peu prendre conscience de sa valeur et se reconnaître lui-même. La seconde étape consiste à intérioriser une instance subjective qui se substitue à ses parents. *Grandir, c'est devenir autonome.*

Mais ce processus idéal est souvent contrarié par les erreurs ou les abus commis par les parents, le plus souvent avec la meilleure foi du monde. C'est d'ailleurs là qu'est le problème : les parents sont sincères, l'enfant le sent et donc les croit, mais cela ne les empêche pas de se tromper. Malheureusement, l'enfant est incapable de faire la différence. Il sent qu'ils sont sincères, il pense qu'ils ont raison. La confiance aveugle qu'il voue à ses parents ou tuteurs ne lui permet pas de mettre en doute leur parole.

D'où le danger, par exemple, de ces doubles messages que nous adressons à tout bout de champ à nos enfants : « Tu as compris, ma petite idiote chérie ? » ou « Veux-tu bien te lever, grosse paresseuse ? ». Autant de petits « compliments » qui ne sont pas aussi innocents qu'on le voudrait. Au nom de l'amour, nous distillons goutte à goutte du dénigrement ou de l'agressivité. Cette attitude est d'autant plus critiquable que, la plupart du temps, sans nous en rendre compte, nous ne faisons là que régler un vieux compte avec notre propre mère ou notre père. On nous a lancé un pavé, nous le renvoyons, et notre enfant l'attrape à son tour.

Il s'en accommode tant bien que mal parce qu'il y voit le paiement obligé pour la tendresse qu'il reçoit. Si vous assenez un coup de bâton sur la tête de votre chien chaque fois que vous lui donnez un sucre, l'animal va finir par attendre le coup pour avoir à manger. C'est ainsi que l'enfant peut admettre des choses normalement intolérables, du quolibet à la raclée, en croyant que c'est le juste prix qu'il convient de payer pour être aimé.

Faible par nature, il ne peut vivre sans ses parents : la seule solution pour lui, c'est de les satisfaire. D'autant que les « petites phrases » continuent, même totalement gentilles : « Fais ceci ou cela, pour faire plaisir à maman »... L'enfant va donc chercher à faire, voire à deviner et devancer ce qu'on attend de lui. Il devient le meilleur psychologue du monde car c'est vital pour lui. Cela peut l'emmener très loin : s'il s'imagine que ses parents veulent sa mort, il va pouvoir la leur offrir en espérant survivre fantasmatiquement en eux.

Si les relations parents/enfants oscillent ainsi sur le fil du rasoir, c'est parce qu'elles sont asymétriques et qu'il est donc particulièrement difficile de trouver un équilibre. Les uns sont censés être omniscients, les autres ont tout à apprendre. Ils n'ont pas les mêmes droits. La petite fille a le droit d'avoir envie de coucher avec son père — elle veut s'assurer qu'elle est désirable —, mais elle doit pour cela être certaine qu'il s'arrêtera à temps par amour pour elle. La vie est ainsi faite. Si le père va à l'encontre de ce principe, s'il ébauche un geste incestueux, il viole la vie. La fille qui s'était laissée aller au désir va en éprouver un sentiment de culpabilité. Elle va élever une digue dans son psychisme, et croire que cette digue lui appartient en propre alors qu'elle est seulement une réaction à une erreur parentale.

Devant tous ces écueils, quels conseils donner aux parents pour qu'ils offrent à leurs enfants le meilleur apprentissage possible de la vie ?

La première règle, nous venons de le voir, c'est que *les fruits ne sont pas pour l'arbre.* Il faut se débarrasser d'un sentiment de propriété à l'égard de notre descendance. C'est plus facile à dire qu'à faire, j'en conviens. Nous estimons, par exemple, avoir un droit de décision sur les études de nos enfants, sur leurs orientations professionnelles, voire sur leur vie sentimentale. Et s'ils résistent, s'ils s'éloignent, nous avons tôt fait de leur présenter la note de tous les sacrifices que nous avons accomplis pour eux — sacrifices qu'entre parenthèses ils n'avaient pas demandés. Je vois défiler à mon cabinet quantité de gens qui souffrent d'avoir été jetés de force dans une voie qui n'était pas la leur, pour « faire plaisir aux parents ». Souvenons-nous que les enfants ne doivent en aucun cas être des placements. Ils ne nous doivent rien : nous n'avons qu'à nous réjouir de leur existence. Aussi difficile que ce soit à admettre, nous avons pour tâche principale de leur apprendre à se passer de nous...

Le moyen le plus sûr, c'est sans doute de leur permettre de développer au mieux leur identité. Nous avons trop l'habitude d'imposer nos opinions comme des diktats : « Dis merci, viens ici, va là-bas, apprends le piano, ne mets pas ce vêtement, etc. » Nous devons être plus attentifs à leurs désirs : « Qu'en penses-tu ? Que voudrais-tu faire ? » Il faut les laisser exprimer leurs émotions et leurs sentiments sous peine que ceux-ci, refoulés, ne deviennent par la suite source de blocages. Imaginons un petit garçon auquel on répond invariablement : « Tu vois bien que ce n'est pas le moment », quand il dit avoir faim ou envie d'aller aux toilettes. Il va en déduire que ses besoins ne sont pas beaux, qu'il faut les contenir. Sur cette base, on peut s'attendre à ce que, adulte, il connaisse de graves problèmes : par exemple, d'impuissance sexuelle, puisque son inconscient lui dicte que son désir doit être muselé.

Ne commettons cependant pas de contresens : laisser la parole à l'enfant, ce n'est pas céder à ses moindres caprices. En remplaçant les « parents-rois » par l'« enfant-roi », on aboutit à un autre gâchis : celui d'individus absolument odieux pour la communauté. Ce n'est pas une évolution, ce n'est que le renversement d'une dictature par une autre.

Pour parvenir à l'équilibre, il faut accepter de faire

mal un instant pour ne pas faire souffrir dans le temps. Manifestons notre amour, mais ne choyons pas trop fort notre couvée. L'oisillon n'aura jamais envie de voler de ses propres ailes si sa mère continue de venir le gaver dans son nid. Je crois même qu'on ne peut pas être un bon parent si l'on n'accepte pas de faire un peu mal. Il faut apprendre à l'enfant qu'il y a des limites dans la vie, et qu'elles sont parfois douloureuses. Au besoin, s'il agit pour son bien, le père doit se résoudre à ce que son fils le déteste... provisoirement.

Mais les parents doivent aussi se persuader qu'ils ont un droit à l'erreur, surtout lorsqu'elle est commise par amour. Ne pas se culpabiliser donc : il est normal que vos enfants aient des reproches à vous faire, car il faut bien qu'ils les adressent à quelqu'un...

Le conseil le plus important, c'est finalement que les parents apprennent à vivre pour eux-mêmes. Qu'ils s'occupent d'abord de leur bonheur, il en rejaillira forcément quelque chose sur leur progéniture. Et si un divorce doit survenir, ne pas se l'interdire « à cause des enfants ». Deux bons parents chacun de son côté valent mieux que deux parents devenus « mauvais » ensemble parce qu'ils ne peuvent plus se supporter. Et même si l'un des deux ne se manifeste pas, ou guère, ne pas « bloquer » sur cette monoparentalité. Les enfants élevés seulement par leur mère ou par leur père compensent souvent le manque d'affection par une maturité et une curiosité plus grandes que celles de leurs camarades du même âge. Privé du bouclier paternel, j'ai appris peut-être plus vite que les autres le plaisir d'entreprendre et d'être indépendant.

Surtout, donc, ne pas se sacrifier. Vivre pour vous, c'est offrir aux enfants le modèle d'une vie pleine, accomplie et les encourager à une autonomie précoce. Là encore, la nature nous donne l'exemple. Une lionne n'hésitera pas à envoyer valser d'un revers de patte ses lionceaux qui l'empêchent de dormir en batifolant autour d'elle. Son sommeil passe avant le plaisir de ses petits. Ceux-ci en seront d'ailleurs les bénéficiaires puisque leur mère, bien reposée, pourra mieux chasser.

Il nous reste beaucoup à apprendre de la nature. Il est vrai que l'espèce humaine est une des seules à pouvoir faire des enfants sans être socialement et affectivement adulte...

Nos enfants ne sont pas un placement

- La loi de la nature, c'est qu'en grandissant l'enfant devienne autonome. Mais les liens affectifs entre ses parents et lui vont souvent à l'encontre de cette autonomie. Ne laissons pas la dépendance s'installer !

- N'utilisons pas nos enfants pour remplir nos attentes.

- N'investissez pas tout dans votre progéniture, car vous feriez dépendre votre bonheur de l'extérieur. Ne vous sacrifiez pas.

Il faut apprendre aux enfants à apprendre

Un maharadjah discutait sans cesse de l'utilité de l'éducation. Il alla trouver un grand sage pour lui demander conseil :

— Homme savant, j'ai besoin de tes lumières. Quelle est l'importance d'une bonne éducation ?

— Confie-moi ton fils pendant vingt ans et je te le montrerai.

Ainsi fit le maharadjah. Vingt ans plus tard, il revint trouver le sage, impatient de voir ce qu'il était advenu de son fils. Le maître claqua dans ses mains. Un de ses disciples entra en poussant devant lui un petit chariot dans lequel se trouvait un pauvre bougre, débile mental profond, incapable de prononcer un mot intelligent.

— Crrii... Criii..., se contentait-il de répéter entre deux grimaces.

— Mais qu'est-ce que c'est que ça ? fit le maharadjah épouvanté.

— Voilà la preuve qu'une bonne éducation est essentielle. Ton fils a été enfermé seul dans une pièce noire pendant vingt ans. Voici le résultat.

Le maharadjah écarquillait les yeux.

— Mais pourquoi ce son qui sort de sa bouche : « Criii... Criii... ? » Qu'essaie-t-il de dire ?

— Oh, ça... Ce n'est que le bruit de la porte de sa chambre quand on lui apporte à manger.

L'enfant reproduit ce qu'il entend et ce qu'il voit. Encore faut-il qu'il soit exposé à des expériences multiples et enrichissantes...

J'ai toujours pensé que l'imitation était chez l'être humain un principe plus fondateur que le refoulement. C'est l'imitation qui fait que les civilisations perdurent et que les coutumes se transmettent de génération en génération, aussi bien au niveau familial que social. Encore faut-il parfois les remettre en question...

Dans certaines îles du Pacifique, les habitants souffraient autrefois d'un manque chronique de protéines. Pour assurer la survie du groupe, ils avaient alors dû se résoudre à des pratiques que nous qualifierions de « barbares ». Les femmes allaient noyer dans la rivière leur premier enfant afin de pouvoir nourrir de leur lait les indispensables cochons. Lorsqu'une nourriture plus abondante rendit en théorie ce rituel caduc, les femmes furent les premières à le perpétuer. Les anciennes insistaient auprès des plus jeunes pour qu'elles sacrifient leur nouveau-né selon la tradition. Celles qui ne s'y soumettaient pas étaient menacées de bannissement. Une fois instaurés, les comportements sont extrêmement difficiles à modifier.

D'où l'importance d'une éducation vigilante, qui ne laisse pas l'enfant dans le seul registre de l'imitation. À noter que l'enfant qui fait le contraire du modèle qu'on lui propose n'échappe pas à ce registre. Sauf que l'imitation, ici, s'effectue à rebours. On connaît le proverbe : « Père avare, fils prodigue. » Mais tous deux ont en commun un rapport difficile à l'argent. En prenant le contre-pied du parent, ou de l'éducateur, on aboutit à la même situation.

L'enfant est par définition celui qui apprend. Il prononce ses premiers mots en reproduisant les sons entendus autour de lui. Parce qu'il constitue une pâte extrêmement malléable, il faut faire très attention à ce qu'on lui enseigne ; dès la naissance, il peut tout intégrer, y compris la névrose ou les phobies. Ainsi, un enfant trop couvé par ses parents aura tendance à devenir une poule mouillée, en demande constante de protection vis-à-vis de ses partenaires. Il y a un conditionnement indéniable.

On voit donc la responsabilité énorme qui incombe aux parents mais aussi au système éducatif qui va prendre leur relais. Et dans ce domaine, que d'erreurs et quel gâchis ! Les enfants se trouvent trop souvent confrontés à des professeurs qui ont le savoir mais qui ne savent pas le transmettre. On peut difficilement le leur reprocher ; dans leur formation, la part destinée à la pédagogie proprement dite et à la psychologie enfantine est dérisoire, voire pratiquement nulle. Un professeur fraîchement diplômé n'a pas appris à parler aux élèves, encore moins à les écouter. L'Éducation nationale serait bien inspirée d'aider les enseignants dans cette partie essentielle de ce métier important.

Pour l'avoir vécu personnellement ou au travers de nos enfants, nous savons tous qu'un élève nul dans une matière peut parfaitement se révéler excellent l'année suivante... pour peu qu'on ait changé de professeur ou d'école. J'en sais quelque chose, puisqu'en quittant un collège religieux pour le lycée Louis-le-Grand, je suis passé du statut de cancre irrécupérable à celui de prix d'excellence...

On sait que l'enseignement est proportionnellement une des professions les plus stressantes qui soient. Conscients de leurs responsabilités, les professeurs n'en sont pas moins mal préparés à les assumer. Certains évacuent leur frustration dans la salle de classe, en jouant aux tyrans miniatures. Même sans aller jusque-là, je suis persuadé que certains enseignants ne se rendent pas pleinement compte de l'impact psychologique sur les élèves de phrases comme : « Untel, vous n'arriverez jamais à rien » ou « Toujours la tête dans les nuages, Dutruc ! ». Certains enfants se voient assener ce genre de remarques dévalorisantes à longueur d'année. Ils finissent nécessairement par se conformer à cette image qu'on leur renvoie d'eux. Quelques années plus tard, on s'étonne de les retrouver manquant de confiance et de motivation !

On me dira qu'il existe des psychologues à plein temps dans l'Éducation nationale. Mais ils n'ont pas les outils nécessaires à l'ampleur de leur tâche. Ils voudraient bien faire, mais ils travaillent avec des méthodes antédiluviennes, c'est-à-dire de simples entretiens avec les élèves.

Depuis quelques années, j'ai eu l'occasion de former ou de recevoir à mon cabinet des psychologues ou des médecins psychiatres soucieux de s'ouvrir à de nouvelles techniques. Je sais que l'un d'eux a été responsable d'une expérience pilote menée par l'Éducation nationale dans la région de Dijon. Il était tout spécialement chargé des élèves dits « en difficulté », enfants de classes défavorisées, issus de familles étrangères transplantées, etc. Il a organisé des groupes d'expression émotionnelle inspirée de celle que je pratique chez moi. On ne se contente plus d'une conversation, mais d'une véritable expression des problèmes. Les enfants sont plus mûrs qu'on ne le croit : si leur père ivrogne les bat, ils peuvent très bien comprendre qu'ils doivent attendre d'être grands et autonomes pour ne plus subir cette situation, à moins qu'ils ne se fassent protéger par ailleurs. Mais ils peuvent comprendre surtout, en exprimant leur désarroi, que ce n'est pas en devenant eux-mêmes caractériels qu'ils vont s'en sortir. Du coup, ils cessent de tout casser dans la classe, ils ne sont plus expulsés de toutes les écoles et leurs résultats s'améliorent de façon spectaculaire. *Il faut apprendre aux enfants à apprendre.*

Mais il ne s'agit encore là que d'une expérience pilote. Comme toutes les grandes administrations, le ministère de l'Éducation est lent à se mettre en mouvement. Lorsque j'ai frappé à quelques portes en espérant étendre l'expérience à toutes les académies, je me suis vu répondre que cela serait « trop coûteux »... Quel prix serait trop élevé pour le bonheur de nos enfants et, partant, pour l'avenir du pays ? Car nous n'avons pas les moyens de nous priver de l'intelligence des générations à venir.

Je termine comme j'ai commencé, par une petite parabole :

Le plus grand trompettiste du monde part donner un concert en Afrique. Manque de chance, l'avion tombe en panne et s'écrase. Le célèbre musicien est l'unique survivant de la catastrophe. Il retrouve son instrument dans les décombres de l'appareil. Là, il se met à jouer en hommage à ses compagnons disparus. Un à un, intrigués par cette plainte, les animaux de la forêt s'approchent, font cercle autour de lui et l'écoutent religieusement. Soudain, un vieux lion surgit et, d'une seule bouchée, croque le musicien. Les animaux se récrient :

— Qu'est-ce qui t'a pris ? Cet homme jouait si bien de la trompette !

— Quoi ? fait le lion qui n'entend rien à rien. Qu'est-ce que vous dites ?

Ainsi les enfants croient que leur musique n'est pas belle, alors que ce sont les parents et les professeurs qui sont sourds. Tâchons de leur prêter une oreille plus attentive, et donc d'être en même temps plus attentifs à l'enfant qui est en nous : « On n'autorise que ce qu'on s'autorise. »

Apprenez le bonheur à vos enfants

- L'enfant est le meilleur imitateur qui soit. Tâchez donc de lui donner le « bon » exemple de vous.
- Mais ne vous mettez pas trop martel en tête : comme disait Mauriac, « nous élevons nos enfants sans le savoir mais en vivant ».
- Soyez heureux, ils auront toutes les chances de l'être à leur tour.

Se culpabiliser : très commode, mais pas bon !

Agressivité et culpabilité chez l'enfant : l'une est naturelle, l'autre est apprise par la société, voire spontanément « inventée ».

Parce qu'il enregistre automatiquement ce que lui disent ses parents et la société autour de lui, l'enfant a tôt fait d'intégrer la notion de « faute ». C'est glisser un doigt dans un engrenage dangereux. Car l'enfant met alors une connotation morale sur ce qui n'était pour lui au départ qu'un essai, une approche expérimentale du monde. Nos chérubins ont tout à apprendre : ils tâtonnent au hasard, quitte à se brûler les doigts sur la flamme d'une chandelle. Mais la sanction parentale tombe aussitôt : « faute », voire « péché » ! On fait croire, par exemple, à l'enfant qui se livre à la masturbation qu'il commet une terrible impureté, alors qu'il ne fait que découvrir son corps et le plaisir qu'il peut lui procurer.

Le mot *péché* illustre à merveille cette dérive moralisatrice. En latin, il signifie « rater la cible ». À l'origine, le péché n'est donc qu'une tentative manquée.

La connotation morale est venue s'ajouter *a posteriori*. C'est pourtant par des coups d'épée dans l'eau que l'enfant apprend peu à peu à maîtriser ses gestes. Mon maître Baba Muktananda répétait souvent : « Il y a des péchés, mais pas de pécheurs. » En revanche, il y a des gens qui se croient pécheurs.

Ainsi fonctionnent la plupart des religions. Les musulmans ont tous les droits du monde d'interdire la viande de porc. Mais ne suffirait-il pas de dire que, mal préparée, elle peut être toxique ? Pourquoi ne pas dire : « C'est malsain » au lieu de « C'est impur » ? L'interdit est plus efficace, c'est entendu, surtout dans un contexte historique correspondant à un inachèvement sociologique. Reconnaissons entre nous que la morale n'est que la somme des règlements extérieurs qu'on impose arbitrairement, parce que celui à qui ces mises en garde sont destinées n'est pas assez évolué ou mûr pour les recevoir librement. On lui donne un guide extérieur pour pallier son manque de développement. Le problème, c'est que, une fois installés, ces schémas de pensée perdurent, l'erreur s'autoreproduit.

On a trop souvent tendance à croire que ce qui est habituel est naturel. Je me souviens du choc que j'ai reçu quand, enfant avide de lecture, j'ai découvert, éberlué, que le monde grec ignorait la culpabilité. Cela n'empêchait pas les Grecs d'être droits et intègres, d'avoir une éthique fondée sur une autre vision de l'homme. La culpabilité est principalement une notion judéo-chrétienne.

Le sage indien Muktananda raconte qu'il a un jour croisé un moine hindou qui prétendait purifier les gens.
— Donne-moi une roupie, disait cet imposteur, et répète : « Je suis un pécheur, je suis un pécheur. »

Muktananda lui a administré une volée de bois vert verbale :

— Je ne suis pas un pécheur, laisse-moi tranquille. C'est toi qui veux me mettre dans la tête que je suis mauvais. Si je crois que je suis mauvais, c'est là que je commets un péché.

Une idée me vient à l'esprit cependant. À m'entendre, la culpabilité ne serait qu'une chimère nocive pour le développement personnel de chacun d'entre nous, bridé dans son apprentissage du monde. Ce serait certainement réducteur. Car je reconnais volontiers à ce sentiment un rôle protecteur remarquablement efficace, au moins dans un premier temps.

Prenons le cas d'un jeune enfant que ses parents négligent. Il ne reçoit pas d'eux l'amour qu'il serait en droit d'attendre, à un âge où il en a cruellement besoin. Que va-t-il déduire de ce manque d'intérêt à son égard ? Qu'il a dû faire quelque chose de répréhensible. Dès lors, il va développer un sentiment de culpabilité. Ce sentiment n'est bien évidemment pas fondé. Mais c'est un moyen d'expliquer l'absence d'amour de ses parents. Si l'enfant percevait qu'il n'est pas aimé alors qu'il n'a rien fait de mal, il tomberait dans le désespoir absolu : cela voudrait dire qu'il n'a aucune chance de retrouver l'affection dont on le prive. En revanche, s'il est coupable, alors tout s'explique. Il paie logiquement le prix de sa « faute ». La culpabilité réintroduit ainsi de la cohérence dans une situation incompréhensible.

— C'est normal qu'on ne m'aime pas, se dit l'enfant, puisque j'ai mal agi.

En raisonnant ainsi, non seulement il se protège de la douleur insupportable que cause en lui la négligence parentale, mais il s'ouvre une porte de sortie.

Car, s'il a commis une faute, il lui reste la possibilité de la réparer. Cohérence donc, mais aussi espoir : l'enfant se convainc qu'il peut faire cesser cette situation, faisant cesser du même coup un sentiment d'impuissance absolue. L'homme qui est dans le désert et qui aperçoit au loin un mirage risque de courir pour rien après une chimère. Mais il aura fait au moins quelques kilomètres de plus et il finira peut-être même par trouver une véritable oasis.

Ainsi, certains s'inventent une culpabilité fantasmatique qui les empêche de sombrer dans l'apathie et la désespérance. Grâce à ce subterfuge, ils peuvent continuer à vivre, certes, mais ils s'encombrent d'un sentiment qui est lui-même source de douleur.

Quoi de plus fréquent au sein des familles que cette culpabilité-fiction ? Les parents s'en veulent de ne pas avoir offert toutes les opportunités à leurs enfants, et ceux-ci se reprochent de ne pas suffisamment remercier leurs géniteurs de tous leurs bienfaits. Les uns comme les autres finissent par n'agir qu'en fonction de ce sentiment : ils organisent leur malheur. La culpabilité fait naître une angoisse sourde qui à son tour ne peut s'exprimer que sous la forme d'une agressivité envers l'autre. Et celle-ci nourrit inévitablement un regain de culpabilité...

Un cercle vicieux est formé, dans lequel les protagonistes tournent en rond jusqu'à l'épuisement. Car on s'attache à la culpabilité. N'est-elle pas le meilleur garant que nos problèmes sont justifiés ? Si on éprouve un manque quelconque, c'est qu'on est coupable. On continue alors à se croire coupable, car, si on ne l'était pas mais que le manque venait à persister, ce serait une catastrophe insurmontable. La culpabilité peut ainsi nous protéger de la folie.

J'ai découvert ce mécanisme psychique à l'hôpital

Sainte-Anne, alors que j'avais mis en présence dans la même pièce deux schizophrènes dont je m'occupais. L'un a bientôt émis cette proposition :

— Je me sens coupable.

Comme c'est souvent le cas avec les schizophrènes, l'autre a répondu en écho :

— Je suis coupable.

Peu à peu, j'ai senti monter la tension entre eux. C'était une forme de compétition, c'était à qui serait le plus coupable.

— Je le suis plus que toi !

— Non, c'est moi !

Je me suis alors aperçu que la culpabilité est tout simplement un moyen d'exister. Parce qu'elle suppose que je peux remédier à la situation dans laquelle je me trouve, elle offre un certain sentiment de puissance, qui amène à un renforcement d'identité.

C'est le principe même de la névrose. Et tout serait parfait si ce n'était pas douloureux ! Mon rôle consiste alors à démontrer aux patients qu'il existe des moyens moins pénibles, moins coûteux en énergie, d'affirmer son identité. Protectrice, la culpabilité n'en est pas moins parfaitement factice et peut se révéler extrêmement néfaste.

Dans la nature, les animaux tuent leurs petits qui sont tarés parce qu'ils ne sont pas viables. Si l'enfant ne reçoit pas d'amour, il a donc tôt fait de se prendre pour un monstre qui ne mérite pas de vivre. Il n'est pas en position de contester l'orientation de ses parents, par principe inattaquable. Si tout ne va pas comme il veut, c'est que c'est de sa faute. Cette erreur peut le mener jusqu'à l'autodestruction : si je ne suis pas digne d'amour, je n'ai plus qu'à me détruire.

Ce retour de la cohérence opéré par la culpabilité est particulièrement visible chez les femmes violées ou les enfants battus. On sait que les victimes ont une réaction de honte que l'observateur extérieur ne comprend pas toujours. Mais peut-être manifestent-ils le sentiment que l'autre, leur bourreau, aurait dû éprouver en les faisant souffrir ? C'est peut-être une ultime tentative pour rappeler au bourreau sa conduite répréhensible et permettre ainsi le retour de la relation bénéfique « naturelle » au sens humain, respectueuse de chaque « autre ». Par leur comportement, les enfants essaient inconsciemment de donner jour au sentiment qui est non dit dans la famille mais qui devrait être là. Inconsciemment, ils espèrent que les sentiments joueront entre eux pour permettre un retour à la normale. Seulement bien sûr, cette culpabilisation va les marquer dangereusement à vie.

Or, dans tous ces cas, tous ces gens ne sont coupables de rien. *Mon travail consiste en somme à les débarrasser de quelque chose qui n'existe pas.*

Ce qui me rappelle un proverbe chinois : « Il est très difficile d'attraper un chat noir dans une pièce sombre... surtout quand il n'y est pas. »

LA CULPABILITÉ EST UNE DANGEREUSE CHIMÈRE

- Prenez un peu de distance face aux discours moralisateurs et cessez de confondre vos erreurs avec des fautes ou des péchés. Ne culpabilisez pas !
- La culpabilité est un piège bien séduisant car elle donne un sens à beaucoup de nos problèmes. Mais pendant ce temps, nous ne les résolvons pas.

Ne nous rendons pas « utiles » !

« Ne reste pas là à te tourner les pouces ! Rends-toi donc utile. » Voilà un type de commandement que les enfants entendent bien souvent et qui finit par s'imposer à eux comme un de leurs devoirs primordiaux.

Et pourtant, quelle aberration ! Les parents qui prononcent ces phrases pernicieuses ne font en général que projeter ce que leur propre père ou mère leur a inculqué. Ils ne voient plus qu'être obligatoirement utile, c'est une horrible dénégation de soi. Un ouvre-boîtes, une paire de ciseaux sont utiles. Mais précisément, ils n'existent plus que comme instrument, comme prolongement de la main. Ils n'ont d'intérêt que parce qu'ils remplissent une fonction. L'enfant, et l'homme en général ne sont pas des outils : ils existent en soi, et pour soi.

Vous avez déjà entendu cette phrase, dite par des femmes d'ailleurs : « Une femme a besoin d'avoir des enfants pour être vraiment femme. » Sait-on ce qu'un axiome pareil peut amener de « nullipares » (terme médical horrible signifiant qu'une femme n'a pas eu d'enfant) dans les cabinets des psychothérapeutes ?

De quel droit juge-t-on un destin ? Quel machisme persistant implique-t-il que la femme n'a sa justification que dans le fait d'enfanter, d'être « utile » à la société ? Sans doute est-il merveilleux d'être mère ; mais Mère Teresa aurait-elle dû se considérer comme une femme non réalisée ? Mère Teresa aurait-elle été « inutile » ?

Notre notion de l'utilité est parfaitement erronée. Bien des choses « inutiles » servent au bonheur. De quoi une fleur tire-t-elle son enchantement, sinon de son « inutilité » ? Si un feu d'artifice nous émerveille tant, c'est bien parce qu'il n'a pas pour fonction d'éclairer. La beauté et le miracle de la vie, c'est précisément qu'ils ne servent à rien, sinon à nous rendre heureux.

Le drame, c'est que dès l'enfance on nous installe dans un système où il faut absolument produire, agir, aider... Celui qui ne se plie pas à cette règle est nécessairement considéré comme le parasite de la société. Je dis au contraire que celui qui ne veut rien faire est absolument libre de son choix. Si vous voulez rester assis à regarder la mer, eh bien, faites-le ! Cela ne vous empêchera pas d'être parfait et pleinement heureux, même si, contrairement à ce qu'on pourrait penser, ce n'est pas la voie la plus facile. Celui qui veut s'activer est libre, lui aussi. Dans les deux cas, nous avons des vies parfaitement valables, et qui peuvent également mener au bonheur. Dans le même esprit, celui qui atteint le stade suprême de la sagesse ne doit pas nécessairement parcourir le monde pour enseigner ce qu'il a appris et devenir un gourou. Il peut tout aussi bien se contenter d'être lui-même. Il n'en sera pas moins sage.

Beaucoup de patients viennent me trouver en me disant qu'ils sont déprimés parce qu'ils ne sentent pas utiles. Ils estiment ne pas remplir de rôle dans la société et ils en éprouvent une forte culpabilité. En fait, s'ils se sentent vides, c'est parce que leur vie ne *leur* sert à rien.

Certains, dans la même démarche, s'abîment dans le bénévolat sans en avoir la vocation, sans se rendre compte qu'à plus ou moins long terme ils sacrifient leurs désirs et leur propre identité. Ils se sont engagés sur un mauvais chemin : *nous n'avons pas besoin de la reconnaissance des autres pour reconnaître notre propre valeur.* Nous devons faire en sorte que la vie soit utile à notre développement, nous n'avons pas impérativement à être utiles aux autres. Nous pouvons, nous sommes libres — aussi — de nous dévouer pour les autres. Mais alors il faut que ce soit notre bonheur, notre choix, et non le moyen de nous donner une bonne opinion de nous-mêmes, encore moins de nous faire « reconnaître » alentour. De plus, sachons bien que la voie du martyre est une voie, mais ce n'est pas la seule.

La gratuité de la vie est la base de tout. C'est un cadeau. Je ne crois pas que Dieu soit un usurier. Je ne crois pas qu'Il nous dise :

— Je t'ai donné la vie, maintenant il faut Me rendre quelque chose.

Nous n'avons pas signé de contrat. Nous sommes libres, nous ne devons rien, si ce n'est que d'être heureux pour nous-mêmes — ce que je crois être notre nature, mais nous n'y sommes pas obligés ! Le plus étrange, c'est de découvrir que c'est en parvenant à ce bonheur pour soi que l'on a les meilleures chances de venir en aide aux autres.

Mais je sens que je n'ai pas suffisamment dissipé cette peur de l'inutilité qui perturbe beaucoup de gens. Ce qu'il faut se mettre dans la tête, c'est que nous n'avons pas à nous *rendre* utiles, nous le sommes déjà. Nous sommes tous interdépendants, et aucune existence, même la plus humble, ne peut être niée, car, sans elle, le monde tout entier serait impensable. La femme qui ne travaille pas, et qui redoute que son mari ne lui reproche un jour son oisiveté, devrait ainsi pouvoir lui dire :

— Cela t'est utile que je sois inutile.

L'INUTILITÉ A SON UTILITÉ

- L'homme voudrait donner un rôle, une fonction à tout ce qui l'entoure. C'est oublier que la gratuité fait partie du monde et qu'elle devrait avoir une place dans notre vie.
- Ne mettez pas la charrue avant les bœufs : ne vous rendez pas utile dans l'espoir de parvenir au bonheur. Soyez heureux, vous serez utile, ne serait-ce qu'à vous-même.

La colère est indispensable

La colère, dit-on, est mauvaise conseillère. Et l'on ne tarit pas d'éloges pour celui qui sait la contenir ou la dissiper. La règle est de rester maître de soi-même en toutes occasions... Nous en sommes arrivés au point où la colère est presque devenue un tabou, au moins dans notre civilisation occidentale. C'est une tempête qui ferait trop de vagues inutiles dans la mer d'huile de nos rapports policés.

Aussi, dès leur plus jeune âge, apprend-on aux enfants à réprimer leurs accès de fureur, dans lesquels on ne veut voir que le signe d'un « sale caractère ». Les petites filles sont particulièrement brimées : lorsqu'elles laissent exploser leur furie, on les taxe de « méchanceté ». Cette association s'inscrit en clair dans la mémoire de l'enfant, pour qui la manifestation de son humeur devient quelque chose de négatif et de coupable.

Pourtant, la nature nous montre partout que la colère est une composante de la vie et qu'elle y joue un rôle des plus utiles. N'est-elle pas l'ultime moyen pour éviter la violence physique ? C'est par ses grondements ou ses rugissements que le fauve prévient un intrus qu'il a pénétré sa chasse gardée. Un ours qui serait atteint de surdité risque de créer malgré lui une situation extrêmement dangereuse : il n'entendra pas les grondements du congénère dont il vient d'enfreindre le territoire. La colère ne pourra faire son office d'avertisseur, les deux rivaux se retrouveront face à face, il ne restera plus que l'affrontement brutal, toujours périlleux pour l'un comme pour l'autre.

L'attitude, l'image, le visage que nous présentons sont des signaux que nous donnons aux autres de notre importance et des risques qu'ils courent à nous défier. De nombreux animaux, les chats pour ne citer qu'eux, augmentent leur apparence de volume quand ils sont en colère. Les hommes ne font pas autre chose lorsqu'ils s'affublent de masques démesurés, de turbans ou de coiffes de plumes pour partir sur le sentier de la guerre.

Je me souviens d'un patient, un « dur », qui était allé un soir dans un bar de Pigalle fréquenté par des truands. Tous avaient le pistolet à la ceinture. Et tous manifestaient les uns vis-à-vis des autres la plus grande courtoisie. Ils se savaient dangereux et se montraient donc extrêmement polis.

Nos rapports sont ainsi régis par des codes et la colère n'est au fond qu'un moyen de communication comme un autre. Elle figure ce qu'on appelle « les sommations d'usage ». Mais elle va plus loin encore, puisqu'elle offre la possibilité d'un retour à la communication. Les couples le savent bien, qui ont compris les vertus d'une bonne scène de ménage. Celle-ci devient bientôt une « explication ». Quand on a « deux mots à se dire », pourquoi les garder pour soi ? C'est prendre un risque inutile : celui de voir un simple grief se transformer en rancœur tenace.

Les films italiens, par exemple, nous ont depuis

longtemps habitués à ces tempêtes familiales qui sont finalement inoffensives et même bénéfiques, puisqu'elles permettent constamment d'éviter l'accumulation de bile. La colère crève l'abcès. On crie, on se traite de tous les noms, sous le nez des voisins au besoin — ce qui n'est pas bien méchant —, mais on s'adore. D'ailleurs, le spectateur ne s'y trompe pas : il rit de ces tumultes dantesques. Il voit bien que le personnage enfle sa colère, qu'il joue avec elle, qu'il se bagarre avec l'autre parce que la vie les a mis là tous les deux et qu'il faut bien qu'ils fassent jouer leurs différences et qu'ils opèrent des réajustements périodiques. Et si l'autre prend ses distances ou se claquemure chez lui, je dois logiquement crier un peu fort pour qu'il m'entende.

La plupart des gens ont bien compris le caractère salutaire de ces colères : une prise de bec n'est-elle pas aussi une prise de contact ? Quand deux personnes se querellent, elles sont au moins d'accord pour ne pas être d'accord. Cela devient même un jeu. Tous, nous nous sommes déjà disputés avec notre partenaire en gardant suffisamment de recul pour jouir de la situation. Je me fâche contre toi, mais je me sens revigoré par ce courant qui soudain passe entre nous et recharge nos batteries. Tous nous avons grondé nos enfants en riant intérieurement.

Lors d'un voyage en Inde, je me souviens d'avoir fait un détour par la ville de Hardwar où une des rares vraies « saintes » indiennes, Ma Ananda Mohi, allait fêter son quatre-vingtième anniversaire. Le temple où devait se dérouler la cérémonie était entouré de milliers d'Indiens venus dans l'espoir d'apercevoir leur idole vivante. Par miracle, et presque sans le faire exprès, je trompai la vigilance des brahmanes qui contenaient la foule et me glissai à l'intérieur du temple, que je voulais vraiment voir. Là, j'aperçus Ma Ananda Mohi devant une vingtaine de vieux prêtres à barbe blanche qui composaient une extraordinaire galerie de figures bibliques. Ma Ananda Mohi leur distribuait de la nourriture comme on donne la communion. Soudain, mon costume trop voyant d'Européen attira son attention. J'avais pénétré sans autorisation dans un lieu saint, au beau milieu d'un rite sacré. Ma Ananda Mohi m'a regardé calmement, puis elle a appelé le brahmane chargé de faire régner l'ordre. Je ne comprenais pas ce qu'elle lui disait mais je voyais bien qu'elle lui passait un drôle de savon. Les gardes se sont précipités, ils se sont fait recevoir de la même façon. On m'a raccompagné fermement, sans me toucher néanmoins. Ma Ananda Mohi ouvrait la marche, en proie à la plus vive colère. Tandis qu'elle continuait à s'en prendre aux brahmanes tout penauds, je vis soudain que la sainte femme me faisait un signe de la main dans le dos. Un signe apaisant qui voulait dire : « Ne vous inquiétez pas, ce n'est pas grave. » Elle ne faisait que jouer le jeu ! Les gardes n'avaient pas fait leur boulot, elle les réprimandait à juste titre, avec une violence intense : mais moi je n'y étais pour rien, elle n'avait aucune animosité à mon égard. Par ce geste de la main, elle me signifiait qu'elle n'était pas dupe d'une colère destinée uniquement à assurer la bonne marche du cérémonial et le respect des codes... Quelle maîtrise de soi, à ne pas confondre avec le « contrôle » de soi !

Mais il faut bien prendre garde cependant au fait que, pour être saine et juste, la colère doit nécessairement être adressée à qui de droit. Malheureusement, le plus souvent, nous la déplaçons.

Ainsi l'employé peste et râle contre son supérieur,

alors que celui-ci a pour seul tort d'être le chef. En fait, le patron lui renvoie l'image d'un père brutal ou tyrannique. Comme nos tabous psychologiques l'empêchent de s'en prendre à son père, l'employé détourne sa colère et l'exprime à l'encontre de son patron. Il aura libéré un peu d'adrénaline, mais le vrai problème ne sera pas résolu pour autant.

Notre vie quotidienne est parsemée de toutes ces colères déplacées. Celui qui n'a pas pu dire son fait à sa femme au petit déjeuner s'en prendra à sa secrétaire qui, ne pouvant répliquer, fera à son tour triste figure à ses collègues. Celui-là, dévalorisé par un travail qu'il juge sans intérêt, va reporter son aigreur sur son entourage.

Les hooligans des stades de football expriment par la violence leur frustration à l'égard de la société et d'un système éducatif qui les laisse sur la touche. Il y a bien une forme de soulagement. On a ouvert une soupape, on a laissé sortir un peu de vapeur. Mais le maigre bénéfice qu'on en tire n'est que temporaire. La marmite bout toujours à l'intérieur et la pression ne va pas tarder à remonter.

La colère dans ce cas n'a aucune valeur thérapeutique. Comment pourrait-il en être autrement, puisqu'elle n'a pas été ciblée ? Doit-on s'étonner qu'une lettre envoyée à la mauvaise adresse ne parvienne pas à son destinataire ? Employée à tort et à travers, la colère devient incompréhensible, caricaturale. N'ayant pu être définitivement apaisée, elle peut alors déboucher sur la haine, position névrotique, ou sur la paranoïa, position psychotique.

Étouffée ou décalée, la colère s'installe dans la permanence. On est passé de la simple expression d'une émotion à un trait de caractère. Les individus sont

Le bonheur au quotidien / 127

constamment sous pression, et reproduisent inlassablement la même situation, comme un disque rayé. C'est à quoi le maladif se repère.

Mais ce n'est pas parce que le disque est rayé que la musique est mauvaise ! Mon rôle de thérapeute consiste à repérer sur les microsillons de notre mémoire le point où bute l'aiguille. Alors on pourra entendre la « petite musique » du patient...

La thérapie va en effet attaquer la colère sur deux fronts : sa non-manifestation et sa mauvaise utilisation. Le patient qui contient sa colère va pouvoir enfin s'autoriser à l'exprimer car il sait qu'elle sera sans conséquences dans le huis clos du groupe. En la faisant renaître, il pourra en retracer l'origine et évacuer l'erreur historique. Celui qui utilise mal sa frustration apprendra à l'adresser, au besoin par l'intermédiaire du thérapeute.

Dans tous les cas, les patients comprendront qu'il ne faut pas bannir la colère comme une inflammation morbide de notre mental, ni se laisser emporter par elle, mais au contraire la diriger, à l'instar du chef d'orchestre qui veille à ce que la grosse caisse ne prenne pas le pas sur les autres instruments. Rester maître de soi, ce n'est pas comme on le croit volontiers contenir ses sentiments mais en maîtriser l'expression.

L'idéal, c'est de parvenir à ce que mon patron Casriel appelait des « colères d'identité ». Nous devons sortir de nos gonds seulement lorsque le besoin s'en fait vraiment sentir, c'est-à-dire lorsque nous sentons une atteinte à notre personnalité ou à nos droits. Il est normal qu'un bébé soit en colère si on ne lui donne pas à manger : il ne fait que réclamer la satisfaction de ses besoins naturels. L'homme en colère contre un système injuste, qui bafoue ses droits, n'est pas un être hargneux mais un être debout, qui refuse d'abdiquer. Dans mon travail, je ne me mets pas en colère contre le patron par principe, mais seulement s'il essaie de me rabaisser. Il s'agit alors pour moi de défendre mon intégrité, mon authenticité. Dès lors, s'il y a lieu de pousser un coup de gueule dans l'entreprise, je le fais. Tout le monde sera d'accord, puisque cet éclat n'ira pas au-delà de la réalité. En effet, il ne faut pas en profiter pour déverser les tombereaux de rancœurs annexes accumulées pendant des mois ou des années. C'est une émotion instantanée qui s'exprime, et non un trop-plein qui s'échappe.

La meilleure preuve de ce caractère positif de la colère, c'est peut-être que, dans toutes les religions du monde, les prophètes ont eu recours à elle. Jésus lui-même n'a-t-il pas violemment chassé les marchands du Temple ? À l'occasion, les gourous indiens n'hésitent pas non plus à monter sur leurs grands chevaux : ils le font pour aider leurs disciples, pour les ramener sur le bon chemin. À mon sens, le thérapeute peut aussi se permettre ces remontrances, dans le but de provoquer les patients et les stimuler dans leur travail personnel.

Se priver d'une colère saine, c'est se priver de la communication avec les autres. Et si celle-ci est inexistante, alors nous ne serons pas en communication avec nous-mêmes. La thérapie s'efforce de restaurer ce dialogue.

* * *

Reste cependant à se protéger de la colère des autres. Ce n'est d'ailleurs pas toujours nécessaire : si elle est justifiée, si elle est jeu, il faut l'accepter comme telle, c'est-à-dire comme un moyen de rétablir la relation.

Mais si on a affaire à une colère déplacée, grande est la tentation d'y répondre et de se soulager à son tour. L'expérience m'a pourtant convaincu que la meilleure des choses à faire, c'est de laisser l'autre exhaler tout son fiel. Ne rencontrant aucun écho, son animosité s'épuisera rapidement.

Un individu en proie à une forte excitation s'approche un jour de mon maître indien Muktananda, qui est assis au milieu de ses disciples. L'homme se met à l'invectiver sans raison apparente. Finalement, il lui jette ce qu'il considère probablement comme l'insulte suprême : il le traite à plusieurs reprises de cocu, avec un mépris ostentatoire. Devant un tel scandale, les disciples se lèvent comme un seul homme. Certains s'échauffent et voudraient frotter les oreilles du malotru.

— Allons, allons, dit alors Muktananda d'une voix calme, le regard amusé. Je ne suis même pas marié...

De la même façon, pourquoi se laisser déranger par la colère de l'autre, alors qu'elle ne nous est pas destinée ? Opposer la meilleure volonté à la rancœur, c'est souvent la meilleure façon de la désarmer.

Je crois que nous sentons instinctivement la sincérité de notre interlocuteur. Toute tentation d'agressivité s'en trouve neutralisée.

Alors que je me rendais un matin à l'hôpital Sainte-Anne, je me souviens d'être tombé en panne vers Denfert-Rochereau. J'entrai alors dans un café et j'abordai trois hommes au comptoir :

— Vous pourriez m'aider à démarrer en me poussant ?

La réponse fut plus qu'inamicale :

— C'est parce qu'on est arabes que tu t'imagines qu'on va pousser ta voiture ?

— Désolé, leur dis-je, je ne m'en étais pas rendu compte.

Aussitôt, ils ont compris que je m'adressais à eux comme je l'aurais fait avec n'importe qui. Toute raison de colère disparaissait comme par enchantement. Ils ont poussé ma voiture et j'ai pu reprendre mon chemin.

APPRENEZ À VOUS « METTRE EN COLÈRE »

- Kant disait : « L'homme veut la concorde mais la nature sait mieux que lui ce qui est bon pour son espèce ; elle veut la discorde. »
- La colère remet les pendules à l'heure. Ne vous privez donc pas d'un tel instrument de contact. Mais attention, ne l'employez pas à tort et à travers. Adressez vos mouvements d'humeur à qui de droit et n'oubliez pas la manière, qui compte aussi.

Le mensonge est nécessaire

Compagnon d'infortune de la colère, le mensonge a toujours eu mauvaise presse dans notre civilisation judéo-chrétienne. Chacun connaît le huitième Commandement : « Tu ne mentiras point. » Jamais loi ne fut plus difficile à suivre. Seul un robot informatisé pourrait s'y conformer, tant elle apparaît inhumaine. Certains, sentant bien l'impossibilité totale de cette règle de vie, ont tenté de l'aménager en émettant l'idée qu'il pouvait exister de « pieux » mensonges. À quoi bon, par exemple, dire à un ami : « Comme tu as vieilli ! » ou « Tu n'as aucune chance de réussir ! » ?

J'irai plus loin en affirmant que, si le mensonge existe, c'est qu'il est utile, et donc parfois nécessaire. « S'il y a la soif, dit le sage, c'est qu'il y a l'eau. »

Le mensonge est un moyen de défense tout à fait naturel et efficace. À ce titre, il ne mérite pas nos anathèmes, d'ailleurs parfaitement hypocrites. Je crois qu'en ce domaine, c'est Françoise Dolto qui m'a ouvert les yeux. Nous parlions un jour des enfants qui semblent avoir une propension particulière pour le mensonge. Elle me dit qu'il ne fallait pas trop s'en émouvoir et que le cas de figure vraiment inquiétant, ce serait un enfant qui ne mentirait jamais. Car alors il serait déjà névrosé. Imagine-t-on en effet un enfant qui irait de son propre chef s'accuser d'une faute et réclamer son châtiment ? Non, bien sûr. Le Code pénal lui-même n'interdit-il pas à un citoyen de plaider sa propre turpitude ?

La main levée, le regard furibond, le parent tempête : « Si j'apprends que c'est toi qui as fait cette bêtise, tu vas prendre une raclée ! » Et l'on voudrait que l'enfant se livre pieds et poings liés au bourreau ? Dieu merci, il a trop de jugeote pour le faire.

Par nature, l'enfant est faible, il a donc besoin de se protéger. Cette défense, il la trouve dans le mensonge, une des seules armes dont il dispose. Le risque existe, bien sûr, qu'il n'en abuse et qu'il ne prenne un mauvais pli. En fait, il apprendra en devenant adulte que, dans les rapports affectifs d'égal à égal, la sincérité est presque toujours plus efficace pour préserver sa relation avec autrui que le mensonge. La vie affective est gratuite, et les boniments n'y font pas longtemps recette.

En revanche, dans la vie professionnelle, le mensonge lui apparaîtra comme une nécessité qu'il assumera sans trop de problèmes. Il est clair que la sincérité serait « délicieuse » à tout moment, mais elle n'est pas de mise dans l'entreprise. Tout simplement parce que ce n'en est pas le lieu, et il n'y a pas à s'en offusquer. Car l'homme au travail se retrouve à nouveau dans une situation où il doit protéger ses arrières. Si son supérieur commet une erreur, il n'est pas forcément sage de le lui faire remarquer. Pour peu que le patron soit irascible, c'est le gagne-pain de l'employé qui est en jeu. Quelle qu'elle soit, l'activité professionnelle est toujours une forme de chasse. « Si je m'approche de mon gibier à découvert, il me filera entre les doigts. Si je veux capturer une biche, je dois m'approcher par la ruse, en rampant. »

Mentir n'est donc pas un crime, encore moins une faute. Mais attention ! *Il n'y a qu'une personne à laquelle il vaut mieux ne pas mentir : c'est à soi-même.*

MENTEZ PEU, MAIS MENTEZ BIEN !

- Le mensonge est un mécanisme protecteur de l'enfant comme de l'homme en société.
- Le vrai névrosé serait sans doute celui qui ne mentirait jamais.
- Ne reculez pas devant le mensonge s'il s'avère nécessaire. Mais dans votre dialogue à vous-même, restez lucide...

Quand l'argent devient une névrose

La sagesse populaire répète jusqu'à la nausée que l'argent ne fait pas le bonheur. Et pourtant, quelle belle chose que l'argent ! N'est-il pas le signe et la trace de l'énergie formidable que nous déployons tous à nous adapter au monde ?

Certes, il en est de cette énergie comme de toutes les autres : il faut la manier avec d'infinies précautions car, de motrice, elle devient destructrice. L'argent fait indifféremment le bien ou le mal. Mais dans un cas comme dans l'autre, n'oublions pas qu'il n'y est pour rien et que seul l'utilisateur est en cause. Ne jetons donc pas tout de suite l'argent aux orties : l'histoire chrétienne compte certes un grand nombre de saints indigents, mais aussi des hommes comme saint Étienne Ier, roi de Hongrie, naturellement mon saint patron, qui vécurent dans le luxe et les honneurs...

Vilipender les pouvoirs de la fortune et les injustices qu'elle crée revient à accuser son véhicule après un accident de la route. Si quelqu'un est responsable, c'est le conducteur. La voiture se contente d'aller dans la direction où j'ai tourné le volant. Et ce n'est pas parce qu'on déplore des accidents de la route qu'il faut militer en faveur d'une suppression totale du parc automobile...

L'argent n'est qu'un moyen et, comme tel, il ne mérite pas de devenir tabou. Vous voulez en gagner le plus possible ? Allez-y, ne vous gênez pas. La vie nous fait un cadeau : pourquoi ne pas en profiter ? L'argent est comme l'air qu'on respire, il y en a autant qu'on veut. Car, contrairement à une idée très répandue de nos jours, j'avance que la richesse du monde est inépuisable.

Bien sûr, faire fortune n'est pas donné à tout le monde. Mais qui a dit que le monde était donné ? L'abondance est potentielle, à nous de fournir les efforts nécessaires pour la conquérir. Car je ne connais personne qui n'ait amassé de biens sans se donner les moyens d'y parvenir.

C'est ce que beaucoup trop de gens se refusent à admettre. Oh, ils s'imaginent volontiers dans la peau d'un milliardaire flanqué de jolies filles et confortablement calé sur la banquette arrière d'une grosse voiture... Mais ces rêveurs ne font précisément que cela : rêver. Engagent-ils le moindre pas en direction de leur but ? Non, ils s'estiment battus avant même d'être entrés dans la course. En somme, ces gens voudraient être riches comme d'autres, voulant être mécaniciens, refuseraient de se tremper les mains dans le cambouis.

On m'objectera que certaines personnes déploient des efforts gigantesques et qu'elles ne réussissent pas pour autant à toucher le jackpot. C'est qu'elles dépensent leur énergie à mauvais escient, et donc en pure perte. Quand on joue au golf, la difficulté n'est pas de repérer le trou — il est signalé par un drapeau —, c'est de choisir le club et la trajectoire qui vous feront éviter le bunker ou la rivière. Ceux qui se trompent sur les moyens à mettre en œuvre sont logiquement voués à l'échec. Je les appelle des « chasseurs d'ours polaires en équateur », variante des pingouins dans le désert. Au point de vue équipement, ils sont parés : ils ont le fusil à lunette télescopique, le siège pliable, les munitions et les vivres. Mais il y a peu de chances qu'ils rencontrent leur précieux gibier...

Si l'on n'est pas doué pour amasser et faire fructifier l'argent, il faut être capable de le reconnaître. Lorsque je travaillais chez Casriel aux États-Unis, je me souviens d'un patient qui vomissait la société à longueur de séances. Il avait une dent toute particulière contre les constructeurs automobiles. En effet, il ne parvenait pas à réaliser son rêve, qui était de vendre de grosses voitures chez un concessionnaire Cadillac. J'oublie de préciser un détail : il était bègue ! Il avait du mal à aligner plus de trois mots à la suite...

Les Américains croient peut-être un peu trop naïvement à la doctrine du « Vouloir, c'est pouvoir ». Elle m'a moi-même inspiré, mais il faut prendre garde à ne pas se raconter d'histoires. J'ai dû persuader ce patient qu'il serait incapable de convaincre un seul client tant qu'il n'aurait pas corrigé son défaut d'élocution. Pour l'heure, il était dans la position d'un cul-de-jatte qui se serait mis en tête de gagner le cent mètres olympique !

Reste un dernier cas de figure, qui n'est peut-être pas très éloigné des précédents : celui de l'échec voulu. Certaines personnes semblent se donner les moyens de réussir et puis, au dernier moment, c'est la débandade, le sabordage. Comme si quelque part, inconsciemment, cela les arrangeait d'être pauvres. Parce qu'ils ne veulent pas ressembler à leur père, ou au contraire pour ne pas lui faire honte, parce qu'ils refusent les responsabilités de la fortune, ou redoutent de perdre les « conforts » de la pauvreté : par exemple, la pitié des autres et/ou le sentiment d'une vie digne d'estime car faite de sacrifices, entre autres prétextes...

Pour toutes ces raisons, je dis que la pauvreté peut devenir une névrose. Position provocante, je l'admets. En fait, ce qui est névrotique, c'est bien souvent notre rapport à l'argent. Nous appelons de nos vœux naïfs une société constituée uniquement de gens aisés, une société où chacun serait l'égal de l'autre, au moins en possessions. Il y a là une utopie néfaste, comme l'Histoire nous l'a récemment rappelé avec le communisme.

Ce qui rend la vie passionnante, c'est précisément que nous soyons tous différents, intellectuellement, physiquement et même matériellement. C'est parce que nous ne sommes pas semblables qu'il peut s'établir entre nous un jeu, des relations, des conflits, de l'amour. Je crois que se reconnaître soi-même comme unique, c'est déjà supprimer une grande partie de notre attrait pour l'argent.

Car celui qui se fixe pour seul objectif la réussite sociale, n'est-ce pas qu'il ne se reconnaît pas lui-même et qu'il demande la reconnaissance des autres ? De toute évidence, il commet là une erreur grossière : comment obtenir de l'extérieur ce qu'on ne fait pas pour soi-même ? comment convaincre votre voisin ou votre patron de votre valeur si vous n'en êtes pas vous-même intimement persuadé ?

Se reconnaître soi-même, c'est déjà reconnaître l'extraordinaire simplicité de nos besoins naturels : si tout fonctionne bien dans notre tête, nous pouvons être heureux avec un peu de nourriture, des vêtements et un toit. C'est parce que nous ne nous reconnaissons pas que nous courons après la voiture de luxe, le fauteuil de directeur ou le manteau de fourrure... Nous comptons sur les objets extérieurs pour dire qui nous sommes.

Le pire, c'est que, parvenus à la réussite, nous risquons d'aller plus mal encore. La presse à sensation nous fournit chaque jour des exemples de célébrités qui ont tout voulu, la puissance et la gloire, et qui, une fois leur but atteint, en crèvent littéralement, confrontées à d'effroyables incertitudes sur leur être propre. Le milliardaire sait-il jamais pourquoi on l'entoure ? Est-ce pour lui ou pour son argent ? C'est une question qui vous gâche la vie. Entre parenthèses, il m'arrive de m'en poser une similaire : quand mes patients disent m'aimer, m'aiment-ils vraiment ou n'aiment-ils que la guérison que je leur apporte ?

On m'a raconté l'histoire d'un Indien qui allait par monts et par vaux, les poches toujours remplies de cailloux. Quand il passait devant une maison ou traversait un village, il plongeait les mains dans ses poches et exhibait ses galets.

— Vous voyez, disait-il, moi aussi, je suis propriétaire.

Ce n'était pas un fou mais un sage. Les gens entassent des sous, ou des pierres, ou des trophées de chasse, ou des souvenirs. Chacun son gain, son « grain ». La pauvreté est sans doute parfois une névrose... mais la richesse en est une autre.

NE FAITES PAS DE L'ARGENT UN TABOU

- Il n'est qu'un moyen. Inutile dès lors de lui prêter toutes les vertus ou de l'accuser de tous les maux. Gagnez de l'argent si cela vous chante.
- Mais n'en faites pas un but. La reconnaissance sociale que peut vous apporter la fortune ne remplacera jamais la connaissance de soi.

Un petit lion
n'en est pas moins lion

Nous admettons volontiers que, pour être heureux, il importe d'être soi-même. Cela nous apparaît même comme une condition « plancher » : si la société, l'autre ou ma névrose m'obligent à déguiser ou étouffer mon « moi » profond, il y a peu de chances que je parvienne à un réel épanouissement... Sans une claire conscience de mon identité propre, comment n'aurais-je pas des rapports confus et conflictuels avec les autres et avec le monde ?

Il y a ainsi des évidences qu'il n'est pas mauvais de rappeler. Car, si on regarde ce qui se passe dans la réalité, on s'aperçoit que c'est loin d'être aussi simple. À croire que nous nous acharnons à nous séparer de notre être au lieu de nous en approcher. Nous l'affublons d'oripeaux si différents qu'on finit par ne plus savoir où il est...

Pour commencer, nous faisons trop souvent coïncider notre être et notre corps. Ce qui entraîne des déductions détestables : « Je suis mon corps, mon physique me déplaît, donc je ne peux m'aimer. Si je

suis grosse, c'est que je n'ai aucune finesse d'esprit. »
On en arrive à des aberrations moyenâgeuses : « Si je
suis bossu, c'est que mon âme est difforme. »

D'autre part, « si je pense que je suis mon corps,
je peux aussi chercher à résoudre mes problèmes en
agissant sur lui : devenir obèse pour tenter d'affirmer
mon importance, m'automutiler dans l'espoir d'alléger un sentiment de culpabilité, par exemple »...

Il vaut mieux essayer de comprendre que nous
sommes plus grands que notre corps. Je me souviens
de ce lama tibétain qui, alors que je l'interrogeais à ce
sujet, m'avait fait remarquer que je pouvais perdre
une dent sans pour autant ressentir une quelconque
déperdition de mon « être ». Le corps n'est que le
vêtement, le lieu où habite notre être.

Une deuxième imposture consiste à faire croire que
nous sommes ce que nous avons. Aussi grossière
qu'elle puisse paraître, cette idée fausse est à la source
de nombreux comportements névrotiques. Il est évident pour tout le monde que « je ne suis pas mes
chaussures ou ma brosse à dent ». Mais beaucoup
vous diront que le fait de posséder un bel appartement ou une grosse voiture est en soi créateur de
prestige et de valeur personnels. « La croissance de
mon être serait proportionnelle à celle de ma fortune. »
À partir de là, les erreurs s'enchaînent. « Si l'être est ce
qu'il possède, et que je suis riche, alors j'en conclus que
je suis supérieur aux autres » — ce qui est une formidable névrose. De son côté, le pauvre se trouve
constamment renvoyé du côté du « malheur ».

S'identifier à ses avoirs devient une véritable
drogue, avec ses problèmes de dépendance et de
manque. Dépendance puisque « je ne peux plus me
passer de mes biens, constitutifs de mon être » : sans
sa voiture de sport, le séducteur perd beaucoup de

ses moyens ; sans leurs enfants, certaines mères n'ont plus de raison de vivre. D'où une sensation de manque : en l'absence de sa « moitié », un homme se sent incomplet ; sans ses bijoux, telle femme se sent nue.

Je repère enfin une dernière fausse identification entre l'être et le faire. Je suis convaincu que nous ne sommes pas ce que nous faisons. *Notre histoire est un trajet, pas une identité.* Nous sommes forcément plus grands que nos actions, comme nous sommes plus grands que notre corps ou nos biens. Ainsi, je ne me « résume » pas à mon travail de thérapeute. Dépendre du faire, c'est aussi s'engager vers des positions névrotiques du type : « Je n'arrive à rien, donc je ne suis rien » ou « Pour être vraiment quelqu'un, je dois travailler jour et nuit ».

Je crois que ce qui compte, c'est la manière dont on fait les choses et l'être qui les fait plutôt que ce qu'il fait. Il y a ainsi un proverbe africain qui dit : « Si l'homme est droit et le bâton tordu, la trace sera droite. Si l'homme est tordu et le bâton droit, la trace sera tordue. »

Limiter notre être à une enveloppe corporelle, à notre patrimoine ou à nos activités, c'est l'amputer. « Si je crois vraiment n'être que cela, alors je suis en train de me diminuer. Pas étonnant dans ces conditions que je sois malheureux...

Ce sont des limitations non nécessaires que je m'impose de mon plein gré et parfois peut-être à mon insu, mais qui ne m'en tiennent pas moins prisonnier. » L'homme a ceci de particulier et d'extraordinaire qu'il peut, à partir de sentiments irréels, éprouver des angoisses ou des malaises parfaitement réels. Un peu comme au cinéma, quand nous pleurons devant des personnages sans relief qui s'agitent sur une toile tendue.

Le plus étrange dans notre démarche, c'est que nous nous inventons des limitations illusoires et que nous nous obstinons à refuser celles, bien réelles, de la vie. Nous sommes tous intrinsèquement limités, par la durée de notre existence, par nos capacités physiques comme mentales. Mais notre erreur, c'est de croire que cette limitation implique nécessairement notre imperfection. C'est, selon moi, une association affective sans fondement réel. L'enfant trop faible admire l'adulte parce qu'il le croit doté de pouvoirs sans bornes. Il se dit que, plus tard, quand son heure sera venue, il pourra profiter à son tour de cette toute-puissance. Mais lorsqu'il arrive à l'âge adulte, il découvre... que ses limites ne se sont pas envolées. Il en déduit à tort qu'il a raté sa vie, qu'il est malheureux.

Devenir adulte, c'est peut-être comprendre que les restrictions et les astreintes que nous vivons sont intrinsèques à notre nature et qu'elles ne nous empêchent pas d'atteindre la quiétude de l'âme. J'affirme qu'on peut être limité... et parfaitement heureux. *Un petit lion n'en est pas moins lion.* Un petit feu est quand même feu.

Au lieu de pleurer sur notre toute-puissance perdue, nous ferions mieux d'apprendre à percevoir nos frontières. Le vrai problème posé par la vie, ce n'est pas tant celui du pouvoir que celui de l'acceptation de notre « impuissance », que l'on confond souvent avec nos limites.

Dans ce domaine, nous sommes tous logés à la même enseigne. Pourtant, certains s'imaginent curieusement qu'ils « peuvent » plus que d'autres : leur fortune, leur travail, leur force, leur beauté, que sais-je encore, les persuadent qu'ils ont plus de prise sur la vie et sur le bonheur. Ils me font penser à cet Esquimau un peu simplet qui, parti à la pêche sur un lac gelé avec trois fois plus de vêtements que les autres et un traîneau de matériel, croyait attraper davantage de poissons que ses voisins, alors qu'il avait oublié de creuser un trou dans la glace.

Pour me débarrasser des fausses identifications qui m'empêchent de sentir la plénitude de mon être, j'ai recours à une méthode très fructueuse pour moi : la méditation, transmise par mon maître Muktananda. Après des séances de thérapie de groupe parfois éprouvantes, c'est le meilleur moyen que j'ai trouvé de me « recentrer ». La technique que j'utilise est celle, traditionnelle, du Siddah Yoga ou « yoga de la perfection ».

Je me concentre sur une pensée positive, rassemblée, condensée dans des formules sacrées sanscrites. J'invoque, à l'inspiration et à l'expiration, le Shiva, la vie qui coule et souffle en moi : « *Om namah shivaya* » (« Je vénère l'être ou la vie qui est en moi », c'est-à-dire le « soi » universel) ; ou je me concentre sur « *Gourou om* », le « chemin qui mène de l'ignorance (*gou*) à la connaissance (*rou*) par l'intermédiaire d'un maître » ; ou enfin, une troisième formule, « *Hamsa* », qui me permet de sentir que « je suis "cela" qui vit en cet instant ».

Pour être efficace, ma méditation doit durer entre vingt minutes et une heure et quart. Suffisamment longtemps pour approcher le soi, mais pas trop longtemps pour ne pas être tiré vers l'intérieur : car je risque alors de me désintéresser de la réalité extérieure — ce qui peut être un choix, mais qui n'est pas le mien.

En Inde, on considère que, quand quelqu'un dort, il est proche de Dieu, il cesse de faire coïncider son être avec son enveloppe corporelle, ses actes ou ses possessions. C'est la raison pour laquelle, dans certains États indiens, il est interdit de réveiller un homme ; c'est un délit passible d'une amende. En France, nous disons : « Ne réveillez pas le chat qui dort. » Ce qui semble nous prouver encore une fois, et par la bande, qu'un petit félin est quand même un félin...

« MES LIMITES NE LIMITENT PAS MON BONHEUR »

- Cessez de réduire votre personnalité à votre physique, à votre patrimoine ou à votre profession. Vous êtes plus grand que cela.
- Mais ne niez pas pour autant vos limites physiques, morales ou intellectuelles. Le bonheur n'est pas dans leur négation mais dans leur exploration. La flamme d'une bougie contient l'essence même du feu. Un instant heureux nous fait sentir toute la plénitude du bonheur.

« Il m'est égal de quitter la table, pourvu que j'aie bien dîné »

J'ai mis le lecteur en garde contre un espoir qui, en faisant miroiter à l'horizon de vastes desseins, ne serait qu'une complaisance dans l'expectative. Cela ne signifie pas des objectifs. Pour entreprendre un voyage, il faut bien avoir un but. Qui ne plante rien ne récolte rien. L'essentiel, toutefois, est de ne pas dépendre du résultat. « Si j'obtiens ce nouveau travail, ma vie sera transformée. Si je gagne son amour, je serai le plus heureux des hommes. » Un bonheur sous condition est forcément un bonheur incomplet.

J'ai raconté au début de ce livre mes « exploits » olympiques aux Jeux de Rome. Si j'avais fait une fixation sur la médaille d'or, il ne me resterait de cette expérience que des souvenirs amers. Il n'en est rien. J'ai vécu mon fiasco à la course aussi intensément que ma réussite à l'escrime. Les deux sont d'excellents souvenirs. « L'important, c'est de participer » : admirable maxime !

Je pourrais dire la même chose de ma carrière professionnelle. Si je suis devenu médecin puis psychothérapeute, c'est peut-être aussi parce que j'avais le secret désir de « guérir » ma mère. Elle m'avait envoyé chercher le bonheur : quand je suis revenu avec ma fiole, il était trop tard, elle se mourait. Alors j'ai bu la potion magique. En fait, je m'étais donné un prétexte, j'avais couru aussi pour moi.

Si nous avons tous plus ou moins tendance à valoriser le résultat, c'est que nous collons sur nos « échecs » des colorations affectives : « Je n'ai pas réussi, donc je suis nul. » Les enfants ne sont pas si myopes. Regardez-les bâtir un château de sable sur la plage. Ils savent bien que dans quelques heures la marée va le détruire, mais ils ne s'en amusent pas moins.

Ce n'est pas parce que nous allons disparaître qu'il faut ne rien faire... On croit ainsi trop souvent que la mort est le contraire de la vie. C'est faux : la mort est l'opposé de la naissance. La vie, c'est la route entre les deux. Et nous oublions trop souvent que nous sommes sur le chemin ! Pourtant, l'homme qui prend le Transsibérien sait bien que ce qui l'intéresse, ce n'est pas tant la destination que le voyage lui-même, les paysages qu'il découvrira et les gens qu'il rencontrera.

Le meilleur exemple de l'absurdité d'une subordination au résultat, c'est probablement le désir de vengeance. Nous tendons tous nos efforts, toutes nos pensées vers l'accomplissement d'une revanche.

La vanité de cette position est double. Car, si je ne réussis pas à obtenir satisfaction, je resterai éternellement frustré ; mais si je réussis, ma joie sera de courte durée et me laissera vide, puisque, privée désormais de son but, ma vie n'aura plus de sens...

Une femme abandonnée par son amant jura de se venger en le ruinant. Par le biais de diverses sociétés-écrans, elle devint peu à peu son principal client, puis son fournisseur. Jusqu'au jour où, triomphale, elle put lui annoncer qu'elle le tenait à sa merci. Elle pouvait le ruiner d'un claquement de doigts. Et pourtant, au dernier moment, elle n'en fit rien : elle comprit que ce serait réduire à néant vingt années d'efforts... La vengeance est toujours un mauvais choix. « Le déplaisir de l'autre ne doit jamais passer avant mon propre plaisir. »

Dans la vengeance comme dans l'espoir, chaque fois qu'on subordonne son bonheur à la réalisation d'un but, on se coupe de la seule vraie richesse qui soit, parce que la seule réelle : le présent. Le passé n'est plus, l'avenir n'est pas encore. Le réel total, c'est le présent. Et si le bonheur existe, il ne peut être que *maintenant*.

Il ne peut être aussi qu'*ici*. D'un point de vue de logique pure, il n'y a pas à sortir de là : car, si le bonheur est ailleurs pour celui qui est ailleurs, il est « ici » pour celui qui se trouve ici. « Il est nécessairement là où je suis. »

Logique, peut-être, mais difficile à assimiler et à vivre. « Quand je suis pris dans un embouteillage, difficile de ne pas me projeter dans un plaisir proche : celui que figure mon arrivée à bon port. Quand quelqu'un me manque, difficile de ne pas penser que je serai plus heureux quand il ou elle sera là avec moi. Et pourtant ce manque aussi est délicieux, puisqu'il me fait sentir mon amour pour l'autre. »

Ne jamais s'écarter du présent, le vivre pleinement, intensément, aborder chaque instant comme une parcelle de bonheur... C'est ce que parviennent à faire les grands maîtres. Les autres — nous tous — font de plus ou moins longues incursions — toujours vaines — dans le futur ou le passé, dans l'espoir ou le regret. Nous laissons notre bien le plus précieux, notre présence au monde, être contaminé, gangrené par ces charges affectives qui nous « divertissent », qui nous éloignent de la réalité. Je me souviens d'avoir vu le dalaï-lama à la télévision lors d'un passage en France. Là, devant les caméras, au beau milieu d'une question de son interlocuteur, il s'est penché pour relever son vêtement et remonter ses chaussettes ! N'importe qui d'autre aurait été paralysé par son attention à l'image qu'il donnait aux spectateurs. Être « réalisé », c'est être soi-même à tout instant, c'est vivre par rapport à soi, en contact avec soi-même, dans une liberté et une joie permanentes.

À l'autre bout de la chaîne, il y a ce que j'appelle « les faux *selfs* » : les faux « moi ». Ce sont des êtres absents d'eux-mêmes, qui évoluent dans un système de représentation et de dépendance : ils n'existent que par et pour les autres, ils fonctionnent selon des désirs qui ne sont pas les leurs, mais ceux imposés par leur entourage, par la société ou par une mauvaise assimilation de leurs manques passés. Socialement, ils fonctionnent à merveille, ils sont respectueux de l'autorité, ils sourient quand on leur fait mal, ils sont toujours d'accord avec tout le monde... Le plus grave — pour eux —, c'est qu'ils sont convaincus d'avoir trouvé le meilleur *modus vivendi* possible, sans s'apercevoir que cela leur coûte une énergie considérable. Il faudrait peut-être leur raconter l'histoire du caméléon mort d'épuisement sur une couverture écossaise...

Il n'en reste pas moins que le contact avec soi et avec le réel est la chose du monde la plus difficile à préserver. Notre vie quotidienne nous entraîne constamment à prendre l'ordinaire pour de la routine et la répétition « mécanique » s'enclenche alors, dans laquelle le « moi » s'oublie, parfois non sans délices. « Lorsque je marche tous les matins jusqu'au bus, lorsque je fais le ménage, je peux ressentir, en effet, une certaine insouciance, mais cette légèreté est due au simple fait que mon esprit s'est momentanément absenté. Mon attention est ailleurs. » Or, la vraie merveille, c'est d'être tellement là qu'on est présent même dans les tâches qui paraissent les plus répétitives et qui pourtant ne le sont pas puisque le fleuve de la vie s'écoule et qu'on ne peut tremper deux fois sa main dans la même eau. Nous devons nous efforcer de jouir vraiment du réel, de ce contact de soi en train de vivre avec l'extérieur. Nous prendrons alors un plaisir extraordinaire à boire un verre d'eau ou à éplucher les légumes. Le bonheur est un état, une manière d'être.

Je sais que j'ai l'air de demander l'impossible. Je le répète, seuls les grands maîtres parviennent à ce stade en permanence et ils sont les premiers à reconnaître que les tâches domestiques ou le travail à la chaîne sont, par leur caractère mécanique, les plus ardus qui soient à apprécier. Mais ils n'en sont pas moins enrichissants. Les ordres religieux le savent bien, eux qui cultivent le routinier comme une règle d'or. Les personnes les plus sages ne sont pas les plus visibles : au contraire, elles mènent souvent des vies très ordinaires. Mais ne dit-on pas que les gens heureux n'ont pas d'histoire ? Toute la subtilité du bonheur, c'est peut-être qu'il est extrêmement difficile de faire simple...

À défaut de ce bonheur suprême parce que permanent, nous pouvons commencer par des exercices de mise en train. Apprenons à ne pas passer à côté des plaisirs que nous offre le présent, du plus vif au plus anodin. Augmentons peu à peu la fréquence et la durée de ces plages de conscience à soi. Dans le taxi, ne pensons plus à notre rendez-vous mais à notre confort et au spectacle de la rue qui défile. Pensons toujours au miracle du jeu des circonstances qui font que « je suis là », en train de manger une pomme ou de marcher dans un parc. Non seulement le bonheur s'apprend, mais il s'exerce et s'entretient comme un muscle...

En additionnant et en collectionnant ces instants de bonheur, nous finirons par remplir notre besace de voyageur. « La bourse ou la vie ! » demandaient les voleurs de grand chemin. La différence entre les deux, c'est que mieux on remplit sa vie, moins on craint de la perdre. Si j'ai bien vécu, la fin du voyage me semblera plus douce. « *Il m'est égal de quitter la table, pourvu que j'aie bien dîné.* »

L'IMPORTANT, C'EST LE VOYAGE

- Pour avancer, il faut se fixer des objectifs. Mais ne faisons pas dépendre notre bonheur de leur réalisation. Un bonheur sous condition n'est pas un bonheur complet.
- Ramenons toujours notre esprit au seul concret : le PRÉSENT. C'est là, même dans les activités les plus routinières, que se trouve le bonheur.

La vie est thérapeutique...
jusqu'à un certain point

Un samedi soir, deux autruches se sont mises sur leur trente et un pour aller danser. De l'autre côté de leur point d'eau, elles aperçoivent deux autruches mâles qui paraissent fringants. Elles se font remarquer en agitant leurs plumes et les deux mâles, flairant l'aubaine, s'empressent de faire le tour du lac. Mais en les voyant de plus près, les deux femelles réalisent qu'ils sont vraiment très moches et qu'il n'est pas question de sortir avec eux. Malheureusement, cette étendue déserte n'offre aucune possibilité de cachette. Nos deux autruches femelles ont alors une réaction coutumière aux animaux de leur race : elles s'enfouissent la tête dans le sable, croyant disparaître du même coup face à un danger potentiel...

— Ils ne nous verront pas...

Les deux séducteurs arrivent, et tournent un moment autour des femelles :

— Mais où sont-elles passées ?

152 / *La Thérapie du bonheur*

Le lecteur pensera : « Mais comment les deux mâles ne voient-ils pas ces deux femelles ? » La parabole est pourtant claire : à force de « savoir » que les autruches se « cachent » en cas de péril en mettant la tête dans le sable, les mâles eux-mêmes les estiment « cachées », donc invisibles.

Comme ces autruches, nous nous inventons souvent des raisonnements absurdes auxquels nous finissons par croire dur comme fer et que notre entourage prend à son tour pour des faits établis. Les autruches croient qu'on ne les verra plus si elles s'enfouissent la tête dans le sable ; nous sommes persuadés, par exemple, qu'on ne nous aimera pas si nous montrons notre vrai visage... Le plus grave, c'est que, lorsqu'un système de fonctionnement névrotique s'est installé en nous, il perdure, il se rationalise, il s'auto-alimente. Le paranoïaque qui s'enferme chez lui et qui voit ses voisins tenir un banquet sur la place du village ne sortira pas de sa tanière : si on l'invite à prendre place à table, cela ne fera que le conforter dans son idée que les autres veulent l'attirer dehors pour mieux le piéger.

Freud a « découvert » la psychanalyse alors qu'il étudiait l'hypnose avec Charcot. Celui-ci venait de dire à un patient sous hypnose :

— À votre réveil, vous prendrez un parapluie.

L'homme sort de son état hypnotique, va à la patère et prend un parapluie. Or, il ne pleuvait pas.

Freud a alors une intuition géniale :

— Pourquoi faites-vous cela ? demande-t-il.

— Parce que je crois qu'il va pleuvoir...

Freud a compris, alors, que nous rationalisons nos actes en fonction de nos sentiments intérieurs. Ce que d'ailleurs La Fontaine avait dit bien avant : « Quand on veut tuer son chien, on dit qu'il a la rage. »

Nous nous fabriquons des alibis.

De passage dans une petite ville, Louis XIV s'étonna de n'être pas accueilli par une salve de canons, comme le voulaient la tradition et le protocole. Confus et atterré, le bourgmestre s'en expliqua :
— Sire, nous n'avons pas tiré le canon pour quatorze raisons. La première, c'est que nous n'avons pas de canon. La seconde...
— Inutile, répondit le roi. La première me suffit...

Quelle est la vraie raison de ces comportements névrotiques dont nous sommes tous, à des degrés très divers bien sûr, les victimes ? Quelque part dans son histoire, l'enfant a été confronté à un choc, ou à une souffrance larvée, ou à un manque quelconque. Parce qu'il n'était pas encore suffisamment armé pour y faire face, il a mis en place une stratégie d'urgence. Pour survivre, il a refoulé des émotions ou des sentiments qu'il ne pouvait assimiler de façon harmonieuse. Parvenu à l'âge adulte, il a normalement la capacité d'intégrer ce qui a été banni. Mais il s'entête à prolonger des conditions de survie qui sont périmées. C'est perdre de vue que *le problème de la vie n'est pas de survivre mais de bien vivre*. Nous nous trouvons ainsi dans la position de ce kamikaze japonais échoué sur une île déserte et qui ignorait que la guerre était finie depuis des années : nous refusons de baisser la garde, alors qu'il n'y a plus aucune raison de rester sur nos gardes.

À la différence de ce soldat japonais, toutefois, nous sommes sans cesse confrontés aux autres, nous devons prendre la réalité en compte. Cela nous permet — en principe — de corriger peu à peu de fausses croyances héritées de l'enfance. Par nos erreurs, nous progressons, nous rectifions notre trajectoire. Regardez le travail déjà accompli depuis l'âge de quinze ans : combien d'interprétations erronées avons-nous été appelés à revoir ! Ne serait-ce que d'abandonner la toute-puissance fantasmatique et l'illusion d'immortalité de nos jeunes années...

La vie est thérapeutique. L'apprentissage est constant, et nous sommes nous-mêmes notre propre psychiatre. Si nous disposions de deux mille ans, on peut imaginer que nous deviendrions tous heureux. L'ennui, c'est que nous n'avons pas le vingtième de ce délai... D'où l'idée d'accélérer le processus, au besoin de manière énergique et interventionniste. C'est le but que se propose la Dynamique Émotionnelle Exprimée.

Si nous sommes tellement longs à abandonner notre névrose, c'est que, bon an, mal an, elle remplit sa fonction, elle nous protège. Et c'est bien parce que ça marche *quand même* qu'il est difficile de guérir ! Le thérapeute ne peut pas s'adresser au patient en lui disant : « Votre attitude est parfaitement stupide et grotesque, il faut en changer. » On ne saurait raisonnablement demander aux gens de renoncer au peu grâce auquel ils ont réussi à survivre. Ce serait aller tout droit au blocage et au raidissement. Avez-vous essayé de forcer un enfant de deux ans à vous donner ce qu'il tient serré dans sa main ? Le seul moyen de le décider à lâcher prise, c'est de lui proposer mieux. Le principe de la Dynamique Émotionnelle, l'idée, c'est d'admettre avec le patient que *la névrose marche, mais qu'on peut trouver plus opératoire* : « Vous n'avez pas tout faux, mais vous pouvez faire mieux. Essayez cela et vous m'en direz des nouvelles... »

N'est-ce pas ainsi, par un élargissement progressif

de la vérité, qu'avance l'humanité ? Newton a découvert les lois de la gravitation, mais Einstein est plus vrai. Toute pensée est partiellement juste et saine. Si l'on propose aux autres quelque chose de plus efficace que ce qu'ils possèdent, ils l'adoptent volontiers. Le morse et le télégraphe ont perdu beaucoup de leur intérêt à partir du moment où l'on a inventé le téléphone. Je crois que nous sommes tous des bouddhas potentiels et que la névrose ou la psychose ne sont que des stades partiels d'une plus grande vérité humaine. Lorsque ma fille a appris à nager, elle s'est d'abord servie d'une bouée pour surmonter sa peur de l'eau. Cela fait, j'ai discrètement dégonflé sa bouée. Elle ne s'est pas noyée, bien au contraire : elle a appris à nager plus vite, en réalisant qu'elle n'avait plus besoin de cet objet « transitionnel ».

Si c'est bien le but de ma thérapie, je peux agir exactement de la même façon. Le point de départ nécessaire, c'est une remise en question de son fonctionnement par le patient lui-même. Sans s'en rendre compte, il a accompli la moitié du chemin. Le fou qui se prend pour Napoléon n'est pas fou parce qu'il se prend pour Napoléon : son erreur, c'est de ne pas entendre ce que lui dit son symptôme, à savoir que c'est lui l'Empereur, c'est lui qui est important. Le rôle du thérapeute, ce sera de faire entendre au patient ce qu'il dit.

Le névrosé fonctionne sur un mode répétitif. Il y trouve une certaine satisfaction : la personne qui soigne son stress en s'absorbant dans un grand nettoyage maniaque de son appartement, celle qui trompe son manque d'affection en allant de lit en lit, tous trouvent un soulagement temporaire. Mais ne serait-il pas plus économique d'aller jusqu'à la source de ce comportement, pour mettre enfin un terme à la répétition ? Collectionner les boutons de manchettes, c'est peut-être intéressant, mais au bout de la trois millième paire, on finit par se lasser...

Mais pour remettre en cause un système défensif, encore faut-il être sûr de pouvoir le faire sans risque. C'est ce que va offrir le cadre de la thérapie. En s'autorisant à revivre des scènes ou des affects douloureux, les patients vont s'apercevoir qu'ils n'ont plus de raison de s'en protéger et que cela appartient bel et bien au passé. Leur histoire va pouvoir se remettre en route.

Car l'homme se différencie de l'animal en ceci qu'il a une histoire, et non des aventures. L'animal ne connaît que des besoins, l'homme éprouve aussi des désirs, des émotions, puis des sentiments qui s'inscrivent dans son psychisme et façonnent sa vie actuelle. Toute la difficulté consiste à réussir cette alchimie qui transforme nos émotions en sentiments stables et dont nous avons conscience.

La névrose, la psychose sont les signes de ce que l'alchimie s'est mal opérée : elles signalent des histoires inachevées, des émotions qu'on a mal vécues. Être humain, c'est savoir utiliser ces traces pour donner un sens qui soit humainement valable à la trajectoire de notre destinée. La thérapie de la Dynamique Émotionnelle Exprimée se propose d'aider le patient à réaliser cette restructuration de soi, pour arriver au but qui est l'intégration de soi et la conscience de soi, lesquelles seules peuvent mener au bonheur.

NE PAS S'ENFERMER DANS LA NÉVROSE

- Sous bien des aspects, la névrose apparaît comme une protection confortable. Ne perdez jamais de vue qu'elle constitue surtout une formidable et inutile dépense d'énergie.

- Les défenses psychiques que vous avez mises en œuvre ne sont souvent plus à l'ordre du jour. N'est-il pas temps de déposer les armes pour mieux profiter de la vie ?
- L'existence nous invite constamment à ce réajustement. Mais une thérapie peut s'avérer nécessaire pour accélérer le mouvement. Comme toujours, le choix du bonheur est entre nos mains...

TROISIÈME PARTIE

LA DYNAMIQUE ÉMOTIONNELLE EXPRIMÉE

L'immense majorité de mes patients est constituée de gens absolument « comme tout le monde »... Des gens « normaux », mais qui s'aperçoivent qu'ils sont « coincés » dans leur relation à l'autre ou à eux-mêmes.

La plupart des projets thérapeutiques s'inscrivent dans une même direction, certains aspects de leurs assises théoriques étant communs. Ainsi, le but de la Dynamique Émotionnelle Exprimée ne diffère pas fondamentalement de celui, par exemple, d'une psychanalyse traditionnelle. Dans un cas comme dans l'autre, il s'agit pour le patient de repérer dans son enfance, ou plus généralement dans son histoire, les éléments qui ont pu conduire à des blocages et donc à son fonctionnement actuel. Il s'agit en somme de favoriser l'émergence d'un « insu » et la levée d'éléments refoulés. Toutefois, la stratégie employée — ne serait-ce que le cadre du groupe — fait de la Dynamique Émotionnelle un projet radicalement différent que je vais m'efforcer d'exposer ici le plus clairement possible.

Je ne revendique pas la paternité des techniques décrites ci-dessous. Pour soigner les gens, l'originalité prime moins que l'efficacité. J'ai donc beaucoup emprunté à diverses thérapies, pour la plupart américaines, en partant du principe qu'un psychothérapeute ne pouvait s'enfermer dans une technique monolithique. Encore une fois, imagine-t-on un chirurgien qui ne se servirait que d'un seul scalpel ? Chaque cas demande une approche différente.

Même étayé par l'exemple, même débarrassé du jargon professionnel, l'exposé de mes techniques peut avoir un aspect de catalogue didactique dont je prie le lecteur de bien vouloir m'excuser. L'essentiel, c'est de ne pas oublier qu'il ne s'agit pas d'une grille statique que l'on calquerait indistinctement sur l'histoire de tous les patients. Ce qui peut échapper dans cette description, c'est le fait que chaque patient est un cas particulier et que le cadre collectif n'empêche en aucun cas le thérapeute de travailler dans le cousu main. La thérapie de groupe n'est pas synonyme de prêt-à-porter uniforme, elle est du sur mesure pour chacun. Les techniques ne sont là que des outils en vue d'un but, qui est pour les patients la maîtrise de leurs émotions et de leurs sentiments, et partant, la maîtrise de leur vie — ce qui en dernière analyse constitue le meilleur garant du bonheur.

Guérir le mal-vivre

Première question : à qui s'adresse ma thérapie ? qui vient frapper à la porte de mon cabinet ?

Comme dans tout groupe, l'éventail des participants est assez large et je m'efforce d'ailleurs qu'il le soit le plus possible. D'abord pour mon bien-être personnel, que je ne perds jamais de vue. On ne travaille bien qu'agréablement. Ne soigner que des anorexiques ou que des alcooliques engendre une certaine monotonie : en dépit de problématiques personnelles toujours différentes, le profil moyen a des aspects répétitifs qui finissent par lasser. Ce que j'ai toujours voulu éviter, c'est de me limiter à un seul créneau. Aussi ai-je décidé une fois pour toutes de « varier les plaisirs ».

La seconde raison est d'ordre plus professionnel : l'intérêt et la réussite de la Dynamique Émotionnelle résident précisément dans le fait de mélanger en groupe des gens qui présentent des névroses ou psychoses très variées. Si je prends quinze patients phobiques des papillons, c'est moi qui vais avoir l'air bizarre de ne pas en avoir peur ! J'aurai beau leur démontrer par A + B que les papillons sont absolument inoffensifs, la majorité aura raison contre moi...

D'autre part, et plus sérieusement, j'ai acquis la certitude, et ce depuis mon travail chez le docteur Casriel à New York ou plus tard à Sainte-Anne, que le mélange des cas donnait un groupe infiniment plus dynamique et plus ouvert. Victimes du même blocage, quinze claustrophobes auront du mal à apporter une lumière à leur voisin. Alors que, dans ma pratique, on peut voir quelqu'un de très anxieux, pratiquement coupé de la réalité, faire preuve soudain d'une grande pertinence à propos d'une problématique qui intéresse un autre participant. Il y a donc un apport non seulement du thérapeute, mais aussi des autres patients. Le groupe recrée en quelque sorte un cadre humain moyen. Je me sers du fait qu'il y a une forme de santé mentale générale qui se dégage de l'humanité. Sur quinze ou vingt personnes, chacune a son petit « grain », mais dans l'ensemble tout le monde n'est pas fou, donc il y a une sorte de réaction de santé et de bon sens.

Cet *a priori* de variété m'entraîne même à accueillir dans un groupe un ou deux psychotiques lourds. Rarement davantage toutefois, car cela risquerait de déséquilibrer l'ensemble, de le figer. Ce sont là des cas graves, pour lesquels l'analyse traditionnelle dans sa cure formelle semble avoir déclaré forfait. Il arrive régulièrement que l'on m'amène un patient en ambulance pour la séance et qu'on le reconduise à la fin de la séance en hôpital psychiatrique. À noter entre parenthèses que cette prise en charge de ces cas graves en milieu privé est presque impossible aux États-Unis : les thérapeutes demandent des fortunes à leurs patients et, en cas d'échec, ils s'exposent à des actions en justice. Aussi, pour se mettre à l'abri, il arrive fréquemment qu'ils filtrent les patients en les soumettant à des tests préliminaires. Cela leur permet d'écarter les sujets trop revendicatifs ou dont la névrose, trop grave, serait difficilement traitable.

Cependant, les psychotiques représentent une infime minorité dans mes groupes. L'immense majorité de mes patients est constituée, en définitive, par des gens absolument « comme tout le monde »... Des gens « normaux », mais qui s'aperçoivent qu'ils sont « coincés » quelque part, dans leur relation à l'autre ou à eux-mêmes. Il y a quelque chose qui les gêne, qui entrave leur développement personnel ou professionnel : un manque de confiance en eux, ou une peur de ne pas être aimés — beaucoup d'entre nous craignent de ne plus être aimés s'ils se montrent tels qu'ils sont —, ou un symptôme handicapant comme une boulimie, une dépendance à l'alcool, un rapport difficile avec la réussite, etc.

Un fort pourcentage de mes patients vient en somme pour ce que j'appellerais un « mal-vivre ». Ils ont un problème d'identité ou d'existence : ils souhaitent être mieux dans leur peau ou mettre davantage à profit leurs capacités. À la limite, il peut y avoir des gens qui frappent à ma porte parce qu'ils ont envie d'améliorer leurs performances sportives, intellectuelles ou artistiques. Ils arrivent en me disant : « Je ne réussis pas dans mes études » ou « Je ne réussis pas dans la vie, je sais que je ne suis pas bête mais je vois bien que je n'y arrive pas. Qu'est-ce qui se passe ? ». Ils ont du mal à prendre la place qui leur revient, ils n'osent pas. Ou bien ils souffrent d'un complexe d'échec. Chaque fois qu'ils sont en passe de réussir, ils sabordent tous leurs efforts...

La plupart ont appris l'existence de la Dynamique Émotionnelle par le bouche à oreille. Ils ont vu dans leur famille, dans leur entourage, des gens qui n'allaient pas bien, qui étaient angoissés, nerveux, ou déprimés, et qui d'un seul coup se sont mis à mieux profiter de la vie et de leur relation avec les autres. À leur tour, ils me demandent ce que je peux faire pour eux, comment investir, comment se débrouiller.

LA NÉVROSE, C'EST BIEN
MAIS ON PEUT TROUVER BEAUCOUP MIEUX

La plupart des gens, on l'a vu, peuvent fonctionner dans la vie sociale avec leur névrose. Mais tôt ou tard, ils se rendent compte que cette névrose est coûteuse, et donc qu'elle n'est pas aussi efficace qu'ils avaient pu le croire, certes inconsciemment. Le patient névrosé est dans la position d'un conducteur de voiture qui appuierait sur l'accélérateur tout en gardant le pied sur le frein : comme il se rend compte d'une résistance, il enfonce la pédale d'accélérateur pour avancer plus vite. Ce faisant, il fait tourner son moteur à trop fort régime pour un résultat somme toute médiocre. Alors qu'il lui suffirait de ne plus freiner !

Prendre conscience de cette résistance, c'est déjà

accomplir une grande partie du chemin. Les gens qui viennent me voir effectuent une démarche fondamentalement optimiste, c'est-à-dire qu'ils se situent « de leur côté ». Ils portent en eux l'idée qu'ils peuvent s'en sortir, et trouver plus opératoire que leur névrose. Jusqu'ici, ils ont en quelque sorte conclu un arrangement qui, certes, les prive d'une partie d'eux-mêmes mais qui, leur semble-t-il, leur assure un meilleur confort. Ils ignoraient ou tentaient d'en ignorer le coût physique ou psychique. La névrose était le prix de cet arrangement. Et seuls, à la longue, une souffrance sourde ou des maux divers prenant une orientation physique les ont avertis que quelque chose en eux dysfonctionnait. S'ils viennent me consulter, c'est qu'ils ont décidé de trouver mieux que leur précédent arrangement. Et l'on peut les en féliciter : bien des êtres humains dans leur cas ont pris l'habitude de leur souffrance et estiment qu'une aide médicale « extérieure » est plus efficace qu'un travail sur soi.

On comprendra donc que je ne prenne que des volontaires dans mes groupes. Il n'est pas question de soigner les gens malgré eux. Il m'arrive de recevoir dans mon bureau des femmes qui viennent « pour leur mari » — alcoolique, par exemple. Elles me demandent de le soigner. Je leur réponds sans sourciller qu'elles devraient commencer par suivre ma thérapie : ce sont elles, pour l'heure, qui ont un problème avec l'alcoolisme, fût-ce celui de leur époux. On s'en doute, les intéressées ne réagissent pas toujours très bien, surtout quand j'ajoute qu'après tout, ce n'est pas par hasard qu'elles ont épousé un alcoolique et que, quelque part, cela doit les arranger... Au-delà de la provocation, il y a là une évidence, essentielle pour un thérapeute : *on ne peut pas apporter de réponses à quelqu'un qui ne se pose pas de questions.*

* * *

La tranche la plus importante de mes patients est constituée de jeunes adultes, autour de la trentaine ou de la quarantaine. Ils ont repéré en eux un dysfonctionnement quelconque et sont encore prêts à se remettre en cause. Bien sûr, il n'y a pas de limite d'âge pour participer à une thérapie en Dynamique Émotionnelle. Il m'est arrivé de soigner une dame de quatre-vingts ans. Mais les tranches d'âge supérieures sont traditionnellement moins représentées en thérapie, car, passé un certain stade, certaines personnes ont malheureusement tendance à renoncer à mieux vivre.

Pour ce qui est des psychotiques graves, la psychanalyse traditionnelle renonce quasiment à un traitement après quarante ans, estimant la maladie irréversible. En revanche, la Dynamique Émotionnelle se révèle assez puissante pour rétablir le contact avec le patient. On a pu voir ainsi des psychotiques lourds accomplir des progrès considérables en l'espace de quelques séances.

En effet, il n'y a pas de lien nécessaire entre la gravité du cas et la difficulté du traitement. Très variable, la durée de la thérapie est davantage fonction de la vitesse à laquelle la personne apprend à s'approcher d'elle-même. Je peux obtenir un succès « spectaculaire » avec un psychotique et me trouver confronté à une « petite » névrose qui mettra des années à disparaître.

Autant qu'il soit possible de parler de statistique moyenne, disons qu'une thérapie en Dynamique Émotionnelle dure un an, un an et demi. Les patients viennent une fois par semaine, plus si le thérapeute juge nécessaire un régime intensif, afin de déborder leur système défensif. Chaque séance dure trois heures : on peut donc estimer que cela représente entre cent cinquante et deux cents heures de présence dans les groupes. Le travail véritablement individuel ne représentera, quant à lui, guère plus de dix à vingt heures.

Encore faudra-t-il que le patient y mette du sien. Je vois la plupart des nouveaux venus demander aux plus anciens : « Depuis combien de temps suivez-vous la thérapie ? » Un peu comme s'ils sentaient qu'il n'y a pas de guérison miraculeuse à attendre et que seuls des efforts personnels leur permettront de réaliser des progrès.

Toutefois, la vraie question serait plutôt : « Êtes-vous en thérapie ou en développement personnel ? » Car il arrive fréquemment que d'anciens patients reviennent après une première thérapie. Ils ont senti qu'ils étaient arrivés à une nouvelle limite, que le développement de leur potentiel était à nouveau entravé. Au fond, c'est un travail de perfectionnement qui est pratiquement sans fin. Le plus grand pianiste du monde continue toujours à s'entraîner. L'auditeur le trouve parfait mais lui sait que, sur telle trille, telle attaque, il n'est pas encore au point. De même un patient peut être heureux les neuf dixièmes du temps, mais se rendre compte qu'il éprouve encore des moments d'anxiété où il perd confiance en ses moyens. Il peut alors ressentir le besoin de reprendre le travail thérapeutique.

Mais le fait est là : il suffit souvent de quelques poignées d'heures pour changer une vie. Qui dira que le jeu n'en vaut pas la chandelle ?

LES AVANTAGES DU GROUPE

Autre question : pourquoi travailler en groupe ? Qu'apporte exactement cette configuration ? Car, après tout, beaucoup de gens désireux de faire une psychothérapie se disent terrorisés par l'idée de se retrouver confrontés au nombre. Je serais tenté de leur répondre que c'est la preuve qu'ils ont un problème... D'ailleurs, ces réticences ne sont pas communes à tous. Cela dépend du vécu des gens : certains, au contraire, seraient paniqués à l'idée de se retrouver seuls avec un analyste et ne viennent à mon cabinet que parce qu'ils savent qu'ils seront plusieurs.

De toute façon, le patient va rarement d'emblée dans une séance de thérapie de groupe. J'ai plusieurs entretiens préliminaires avec lui : je lui fais raconter son histoire, il me parle de son enfance, de ses parents, de ses problèmes, etc. Tout l'art et l'expérience du thérapeute consiste à savoir si la personne est capable ou non d'entrer dans un groupe. Dans la plupart des cas, cela se fait très vite, au bout de deux ou trois entretiens, mais lorsque la personne est particulièrement fragile, je peux décider d'avancer plus lentement. Car il est indéniable que le groupe est un endroit très dur. Tous les patients le disent. En effet, c'est un lieu où l'on se prend en charge et où l'on ne se fait pas de cadeaux.

Car il faut d'ores et déjà balayer un malentendu : les gens qui viennent consulter un thérapeute en espérant trouver quelqu'un qui les assiste se trompent cruellement. Si je suis aux petits soins avec un patient, si je refuse de le brusquer, je ne suis pas en train de le soigner, mais de compenser un manque quelconque. Le thérapeute devient alors une béquille, une drogue indispensable : ce n'est pas une façon de se guérir. Ce qui est thérapeutique, bien au contraire, c'est de faire sentir au malade que personne ne peut s'occuper de lui, et qu'il doit se prendre en main lui-même ! Les milliers de personnes qui sont passées par mon cabinet sont aujourd'hui parties vivre leur vie. Elles n'ont plus besoin de moi. Et le groupe favorise ce cheminement. C'est un lieu de surchauffe émotionnelle qui oblige à « travailler » beaucoup plus intensément sur soi que la thérapie individuelle. Mais c'est aussi le moyen de retrouver plus vite son équilibre et la maîtrise de ses problèmes.

L'insertion du patient dans le groupe est facilitée par une donnée de base : il ou elle ne connaît pas les autres personnes. Les participants ne se connaissent que par leurs prénoms et ne doivent pas entretenir de rapports en dehors des séances. J'interdis à mes patients d'avoir entre eux une liaison extérieure qui pourrait fausser leur travail de recherche personnelle. Ils se trouveraient face à des partenaires et non plus à des inconnus. Lorsque je dois soigner des couples, je les fais travailler séparément, chacun dans un groupe. Par la suite, à point nommé, je peux les réunir lors d'une séance, afin d'obtenir de cette confrontation un effet d'accélérateur. Mais le principe reste le suivant, un peu paradoxal : on parle de ce qu'on a de plus intime à des gens qu'on ne connaît pas.

Cette position est déjà un premier choc salutaire pour le patient. Il arrive avec ses croyances, qu'il prend pour des certitudes, et se trouve confronté à des gens qui n'ont pas du tout la même approche de la vie — ce qui l'oblige à remettre en question son mode de fonctionnement. Il va s'apercevoir que ses certitudes ne sont en aucune manière des évidences. Prenons, par exemple, une personne qui se pense incapable de dire non aux gens de son entourage, et qui est devenue prisonnière de cette attitude soumise. Face à des gens qu'elle ne connaît nullement, elle pourra plus facilement réviser ses approches affectives, elle pourra plus facilement apprendre qu'elle n'est pas obligée de faire plaisir aux autres pour exister.

Ce progrès, par et grâce au groupe, est d'autant plus rapide que ce dernier est semi-ouvert. C'est-à-dire que les nouveaux patients sont placés avec des gens qui travaillent depuis plusieurs mois, voire des années. Les anciens avancent bien, et les nouveaux prennent exemple sur eux. Si l'on apprend à skier derrière un moniteur, on progresse forcément plus vite que si l'on doit soi-même réinventer le chasse-neige et toutes les techniques qui ont amené à la godille moderne.

Mes groupes se composent d'une quinzaine de personnes. Ce nombre n'est évidemment pas le fruit du hasard. La philosophie des groupes nous apprend que, jusqu'à sept ou huit personnes, on reste dans le cadre de la famille. Tous les ethnologues racontent que les premiers villages, en Amazonie comme au Kamtchatka, sont des groupements de quinze à vingt individus. Au-delà de dix personnes, on se trouve donc confronté à quelque chose qui n'est plus la famille mais la première forme de groupe social. Et c'est cela qui « dynamise ». Car, dans un cercle familial, le patient peut encore se sentir protégé. Or, mon objectif n'est pas de lui offrir un cocon ni un havre de paix. Mon objectif est de créer une outrance de la réalité, amplifiée dans la thérapie pour permettre une meilleure approche par les patients.

Imitation symbolique du cadre social, le groupe de thérapie offre cependant une différence essentielle avec l'extérieur. En effet, il est conçu comme un espace de jeu où les émotions, ordinairement contenues, vont pouvoir s'exprimer sans restriction. Cette microsociété peut alors être utilisée comme miroir, comme écho, comme système de référence, comme terrain d'affrontement. Ici, le patient sait que l'émergence de ses émotions restera sans conséquences. Une des problématiques communes à presque tous les patients, c'est de s'imaginer que, s'ils se montrent tels qu'ils sont dans la réalité, on cessera de les aimer ou de les apprécier. En Dynamique Émotionnelle, ils prennent conscience qu'ils peuvent y aller à fond, et que le monde ne va pas s'écrouler pour autant. Cela crée une liberté d'expression indispensable.

Dans le groupe, les codes sociaux disparaissent. Lorsqu'un patient se met à pleurer ou à crier, les autres ne font pas attention à lui. Ils peuvent danser ou rire à quelques pas de là. Dans la réalité, cette attitude serait impensable. Il faudrait secourir le malheureux, lui apporter un verre d'eau ou un geste de consolation. En fait, ce « malheureux » est en train d'effectuer un travail sur lui-même ; c'est un accouchement qui n'est pas sans douleur mais qui doit déboucher sur davantage de conscience de soi. Si le spectacle de sa souffrance nous gêne, c'est que nous avons nous-mêmes quelque chose à voir avec sa problématique. Sinon, il n'y a pas d'écho.

Autre avantage déterminant du groupe : il est une sorte de garant de bonne foi. Si, d'une séance à l'autre, le patient a oublié ce qu'il a dit ou tente de le nier, le groupe le rappelle à l'ordre. Le patient ne peut refuser la vérité qu'on lui renvoie car le groupe n'a aucun intérêt personnel dans l'affaire.

Le thérapeute, de son côté, est toujours suspect. Je peux vouloir la guérison de mes malades pour des raisons strictement personnelles. Pour prouver, par exemple, que je suis un bon médecin et parce que cette réputation va me rapporter de l'argent ou de la gloire. Donc, instinctivement, le patient se méfie, résiste. Surtout s'il est seul avec le médecin. En tête-à-tête, sa névrose fera tout son possible pour ne pas être déstabilisée. En groupe, les résistances tiendront moins longtemps. Pour un thérapeute soucieux d'efficacité et de rapidité, le collectif offre donc un cadre extrêmement propice. Il présente aussi un avantage considérable, qui tient dans une lapalissade : en groupe, on soigne plus de gens qu'en individuel. Depuis vingt ans que j'exerce, j'ai soigné quelque dix mille patients, alors que, dans toute une vie, un analyste traditionnel ne peut guère en traiter que cinq cents...

La peur du groupe, si fréquente chez les patients, n'est le plus souvent que le signe qu'ils ont peur de se rencontrer, et qu'ils préfèrent adopter des solutions attentistes. Ils avaient peur du grand bain, je leur propose d'y aller d'emblée. Autrefois, on enseignait à nager en allongeant le débutant sur une chaise et en lui enseignant les gestes qu'il aurait à reproduire dans l'eau. Cette méthode, longue, sans garantie d'efficacité, a bientôt été abandonnée. Car, jusqu'à preuve du contraire, la meilleure façon d'apprendre à nager, c'est encore de se jeter à l'eau !

ÊTRE ATTENTIF À SOI

Voilà notre groupe formé. Comment s'organisent les séances ? Elles se déroulent dans une grande pièce entièrement insonorisée. Les patients pourront pleurer et crier à tue-tête sans risquer de déranger l'extérieur. Les doubles portes et fenêtres, le faux plafond d'une épaisseur de quarante centimètres et les plaques de liège et de plomb sur les murs empêchent la propagation des sons. Ils permettent en outre de renforcer l'impression d'un espace-jeu dans lequel les émotions peuvent s'exprimer en toute liberté.

Au fil des ans, j'ai été amené à modifier l'organisation pratique de la séance. Dans les premiers temps, nous étions tous assis sur des fauteuils. J'avais choisi des sièges avec haut dossier et accoudoirs, afin que tout le monde se trouve dans une position de roi ou de reine, ceci en vue de valoriser les patients.

En fait, je me suis aperçu que, dans cette configuration, les gens restaient prisonniers d'un « social » important et donc contraignant. Peu à peu, j'ai donc remplacé les fauteuils par des matelas jetés à même le sol. Tout le monde, thérapeute compris, s'installe sur ces matelas. Pieds nus, car les chaussures sont aussi véhicules de fortes connotations sociales. On se retrouve donc littéralement au ras des pâquerettes, on reprend contact avec le basique, le fondamental.

Je laisse quelques chaises le long du mur, mais elles ne servent véritablement que pour certains nouveaux venus qui hésitent encore à se joindre à nous. C'est une sorte de sas intermédiaire, abandonné le plus vite possible.

Car il y a une sorte de contrat moral quand on entre dans le groupe : « Tout ce qui s'y passe, si cela me touche, je dois y être attentif. » Je demande aux participants une attitude d'attention à soi, à ce qu'ils ressentent, et à l'expression de ce ressentir.

Un nouveau patient peut dans un premier temps refuser de jouer le jeu, mais le contrat, c'est qu'il le dise, qu'il l'exprime : « Je ne veux pas ! » Au lieu d'être agi par son sentiment de refus, il lui est proposé de dire : « Je ne suis pas d'accord ! » C'est un premier pas, une source de discussion ou de disputes. Car on peut se battre — oralement — comme des chiffonniers ! Mais les autres finiront par entraîner le nouveau dans la ronde.

D'ailleurs, ces premières réticences ne durent guère. Le nouveau venu se trouve confronté à des personnes si « réelles », à des émotions si fortes qu'il ne peut rester longtemps sur la touche. La thérapie est l'endroit où l'on peut « exister ». Étymologiquement, *résister* signifie « sauter en arrière », *exister* « jaillir au dehors ». La Dynamique Émotionnelle est une thérapie de la manifestation.

Je propose à mes patients l'idée qu'il est nécessaire « d'apprendre à prendre ». Et cela commence par prendre sa place dans le groupe. C'est donc une thérapie qu'il faut classer dans les thérapies de type phallique.

Moi-même, je ne suis pas en retrait au cours d'une séance. Je ne vais pas m'effacer pour que les patients puissent exister. Ce sacrifice, c'est ce que nous enseigne un christianisme mal compris. En ce qui me concerne, je crois que l'on n'a pas à se diminuer pour permettre à l'autre de grandir. Je n'ai pas à être gentil pour que les autres puissent s'exprimer. Je pars du principe que l'autre est mon égal, et j'ai donc confiance en ses capacités de réaction. Il y a là une conception résolument optimiste de l'autre et de la vie. « Je suis à ma place, donc je vous estime capable de prendre la vôtre. Je suis ce que je suis et vous êtes aussi fort que moi. » Les patients vont ainsi apprendre à se protéger eux-mêmes, et non pas à se placer sous mon aile protectrice.

Les gens peuvent donc se dresser, s'affronter, s'agresser même... Les attaques directes personnelles ou sexuelles sont évidemment proscrites, mais les patients peuvent éventuellement se battre pour se décharger de leur agressivité. Lorsque cela se produit, on interpose des matelas entre les « belligérants » afin qu'ils puissent vivre leur colère sans blesser l'autre. Ils peuvent également s'en prendre au thérapeute, et lui aussi se protège avec le matelas. En adoptant ces précautions physiques, celui-ci transmet à ses patients un message qui est une règle d'or, constitutive de leur future indépendance : *« Je veux bien vous aider, mais pas à mes dépens. »*

« DE L'AIR, DE L'AIR ! »

Indépendamment de la séance proprement dite, le groupe peut faire des exercices de respiration. De tout temps, les yogis ont compris les liens étroits qui existent entre le souffle et le mental, la maîtrise de l'un menant à la sérénité de l'autre et à la méditation.

Dans notre civilisation, en revanche, on accorde bien peu d'importance à cette maîtrise du souffle, sauf dans certains moments privilégiés, comme l'accouchement. Encore s'agit-il davantage ici de contrôle que de maîtrise.

Ce que nous apprenons, en effet, c'est bien plus la restriction et la rétention que l'amplitude. Pourtant, empêcher un enfant de pleurer — ce que l'on fait notamment avec les garçons —, interrompre ses sanglots, c'est mettre sa respiration sous stress. Il se met à hoqueter — ce qui est une tentative d'étouffer l'expression de sa colère ou de sa tristesse. En revanche, s'il peut donner libre cours à ses sanglots, on assiste à une stabilisation graduelle, à laquelle succède un apaisement véritable.

En prenant l'habitude de contenir conjointement nos émotions et notre respiration, c'est le mental que nous privilégions au détriment de l'affectif. Chez les névrosés et les psychotiques, on constate la persistance de ce blocage respiratoire, qui leur permet d'éviter tout contact avec les affects douloureux. Ce qui se manifeste ici, c'est une peur de l'émergence émotionnelle.

Les exercices préliminaires à la séance ont pour objet de rendre les patients attentifs à l'air qu'ils « prennent ». Il ne s'agit pas du tout de respiration yoga, mais d'une hyper-inspiration accélérée. J'invite les patients à s'allonger sur le dos afin de réduire tout effort musculaire. Je leur demande d'inspirer de l'air sans arrêt par le nez, rapidement, comme par petites bouffées, et de se concentrer sur ce qui se passe en eux. Je les encourage de la voix :

— Prenez de l'air... C'est pour vous... Continuez... Il y en a autant que vous voulez...

En insistant sur cette surabondance, je m'efforce de leur transmettre l'idée qu'il en est de tous nos besoins vitaux comme de la respiration : il y en a toujours plus qu'il n'en faut pour les satisfaire.

Le patient est placé dans une position où il ressent simultanément son besoin et son droit à respirer. « De l'air ! Laisse-moi respirer ! » dit-on volontiers à celui qui empiète sur notre espace vital. Revendication positive dans la mesure où elle introduit déjà une affirmation de soi.

Ayant perçu l'intérêt de respecter ses besoins, en prise directe sur ce « mécanisme » de base qui fait que nous vivons, le patient se trouve comme « gonflé à bloc ». Du souffle va jaillir l'énergie nécessaire à l'exploration de ses zones psychiques sensibles. Les barrages à surmonter ne manquent pas car *on vit comme on respire,* c'est-à-dire la plupart du temps sur un mode restrictif et de fermeture en cas de douleur. Or, si l'on « enferme » la douleur, on la garde : donc, on ne peut pas être heureux !

En cours d'exercice, ces barrages peuvent peu à peu se manifester sous forme d'images chargées de chagrin, mémoires d'états infantiles et d'impuissance, ou bien de manière physique, par des fourmillements dans les membres, voire des crampes ou des sensations d'étouffement. Je demande aux patients de ne pas s'y attarder — ce travail s'accomplira plus tard. Pour le moment, l'important pour eux est de sentir ces affects, de les repérer, mais de passer outre, et d'atteindre cette respiration libre qui les met en relation avec leur existence.

— Ne vous arrêtez pas dans le noir, leur dis-je, respirez, continuez à respirer ; au-delà de l'angoisse, il y a la joie.

Ne commettons pas cette erreur commune d'identification. Nous ne sommes pas nos émotions ni nos sentiments ; nous sommes le lieu, comme les nuages dans le ciel, où ils apparaissent et disparaissent.

Cette hyperventilation peut conduire à des sensations de vertige, d'ivresse et même d'extase. C'est indéniablement une forme de mise en transe, mais sous la direction vigilante d'un thérapeute-médecin qui en connaît les effets, qui va sans cesse d'un patient à l'autre, guette leurs réactions et pressent quand ils doivent cesser l'exercice.

Celui-ci dure une heure environ. Nombreux sont les participants qui, à l'issue d'une telle séance, font état d'un soulagement, d'une joie profonde. C'est leur envie de vivre et d'exister qui vient de se faire jour. Cette approche est particulièrement intéressante avec les sujets hyper-intellectualisés qui se trouvent soudain confrontés à leur « corporéité ». Ils perçoivent à l'intérieur d'eux-mêmes quelque chose de fondamental, de permanent, dont ils avaient pourtant gommé l'existence. Quel meilleur préambule à une exploration de soi ?

Car tous les matériaux recueillis ici — souvenirs, fantasmes, sensations physiques — seront repris au cours de la séance de thérapie proprement dite. Les patients ont déjà conscience qu'ils peuvent toucher du doigt certaines zones « oubliées » d'eux-mêmes mais, bien entendu, leur exploration et leur appropriation vont nécessiter un travail au long cours.

LE SON ET LE CRI
COMME MOYENS D'INVESTIGATION

Il m'est arrivé plusieurs fois de recevoir dans mes locaux des journalistes ou des équipes de reportage qui voulaient voir ou filmer ce qui s'y passait. Ils se montrent particulièrement intéressés par une des techniques de base de la Dynamique Émotionnelle : le cri. Il y a là évidemment un élément spectaculaire et percutant qui fascine et effraie tout à la fois. En dépit des doubles portes capitonnées, on entend parfois percer des cris à fendre l'âme, des hurlements lancinants ou pleins d'énergie qui persuadent le visiteur qu'il est bel et bien tombé dans une maison de fous. Que se passe-t-il derrière ces portes ? Et surtout, quel rôle peut jouer le cri en thérapie ?

Les vertus thérapeutiques du cri ont été découvertes un peu par hasard dans les années 1960 lorsque, faute de personnel, on a laissé les toxicomanes en manque déverser sans frein leur agressivité. Ils paraissaient ensuite calmés, comme si le fait d'avoir crevé l'abcès permettait une baisse de tension, et peut-être de besoin.

À cette époque, aux États-Unis, le cri était dans l'air — si j'ose dire. De protestation ou de jouissance, il était le signe d'une liberté d'expression nouvellement conquise, la clameur de guerre déclarée à une société considérée comme un carcan répressif. Psychiatres et thérapeutes se sont mis à explorer ce terrain presque vierge.

On se souvenait pourtant d'un Wilhelm Reich qui, avant guerre, affirmait déjà l'existence d'« armures corporelles névrotiques » nous empêchant de ressentir. On a donc voulu casser cette coquille dans laquelle les gens s'étaient enfermés, avec des différences culturelles toutefois : on soulignait ainsi qu'une *mamma* italienne avait moins de chances d'être névrosée qu'une mère calviniste, qu'elle souffrait moins souvent d'ulcère à l'estomac. Les statistiques montraient qu'une peuplade américaine, les Sioux, était moins sujette au cancer ; pourtant, ils mangeaient, buvaient et vivaient comme tout le monde ; mais les hurlements des Sioux ne sont-ils pas réputés ?

Si tous les centres de thérapie américains expérimentèrent le cri à peu près simultanément, le plus grand diffuseur de cette technique fut certainement Janov, à qui il faut rendre grâce d'avoir réhabilité les sentiments. Grâce à lui, le cri se fit outil thérapeutique. Il devenait sain et juste d'avoir des émotions et de les exprimer, alors qu'avant c'était dans les esprits le fait d'un sujet en voie de développement, presque d'un sous-homme. Au mieux, cela pouvait apparaître comme un mal nécessaire, mais jamais comme un bien en soi.

Pourtant, je crois que Janov s'est arrêté en chemin. Il me semble qu'il avait davantage tendance à considérer le cri et l'émotion comme une *excrétion* plutôt que comme une *sécrétion,* c'est-à-dire comme un rebut et non comme une production humaine de haute valeur. C'est confondre urine et sperme : tous deux sortent effectivement du corps, mais la première est un déchet non utilisable, alors que le second est un produit noble, qui transmet la vie.

Le patient a le droit à l'expression, Janov et moi sommes d'accord sur ce point. Mais ce qui est exprimé a pour Janov des couleurs négatives alors que c'est à mes yeux la vérité d'un être humain. De même, un grand mysticisme n'est pas pour moi une névrose mais simplement un sens développé du sacré.

Notre différence d'appréciation repose en fait sur une conception opposée de la vie. Face à un patient qui crie, dont les émotions s'apprêtent à jaillir, Janov et moi sommes comme deux capitaines de frégate qui voient arriver un coup de chien. Tous deux ont bien compris qu'il serait trop dangereux de jeter l'ancre et qu'il vaut mieux se préparer au tangage. Mais le capitaine Janov subira l'orage en regrettant constamment son mouillage si bien abrité, tandis que le capitaine Jalenques, lui, fait hisser les voiles et vogue la galère ! Notre bateau est construit pour les grands temps, alors profitons-en...

Mais revenons au cri. Voici une patiente, Élisabeth, qui évoque en début de séance la brutalité de son père lorsqu'elle était enfant. Mais elle le fait sur un ton monocorde, comme si ces événements ne la concernaient plus. Elle nous confie d'ailleurs qu'elle ne sent rien, si ce n'est un certain malaise.

On devine là une masse affective brute qui est une source de douleur « sourde » avec laquelle la patiente a perdu ou évite tout contact — ce qui n'empêche pas cette douleur de conditionner encore sa vie actuelle. Le cri ou le son vont être des moyens d'accès à cet affectif en souffrance.

Car, de façon paradoxale, le cri, jeté vers l'extérieur, nous renseigne sur l'intérieur. Cette émission sonore provoque sur l'écran psychique du patient un effet d'écho qui nous donne à voir des butées, des zones opaques. C'est une sorte de laser, un outil de concentration et de focalisation dans une direction précise : celle d'un passé non épanoui et en quête d'expression.

Suivons notre patiente Élisabeth. Puisqu'elle est incapable d'exprimer verbalement son état d'âme, je lui propose d'en donner le son. Un peu surprise, Élisabeth accepte et laisse entendre alors une sorte de gémissement sourd. Je lui demande de persévérer, de suivre ce son, de l'écouter, et de se centrer sur elle-même.

Le son est un outil d'exploration. En l'amplifiant, en le modulant, on affine sa précision. C'est une remise en voix — en voie — grâce à laquelle la patiente apprivoise peu à peu ses espaces psychiques, accepte progressivement le contact avec des endroits jusque-là bannis, inconnus, zones de douleur ou de joie refoulées.

Comme dans la majorité des cas, Élisabeth « joue » à pousser des sons. Parfois, elle s'arrête, surprise, et nous dit : « Je sens... que je ne sens rien. »

Elle est confrontée à un barrage, à une résistance massive. Je lui demande alors de pousser un cri. Je l'hystérise, je la convie à se manifester vocalement sur un mode outrancier.

Souvent, en effet, il faut embrayer le psychisme du patient. Les gens crient, mais ils ne sentent rien. Une oreille un tant soit peu avertie ne s'y trompe pas. Le thérapeute fait parfois figure de prospecteur d'or noir. Il sait que le pétrole est là quelque part, il dirige le forage, mais sans certitude absolue sur l'emplacement de la nappe. Il peut se tromper de site, ou rencontrer des strates trop dures contre lesquelles sa vrille vient se briser. Alors on fore plus loin, on fore jusqu'à ce que soudain le pétrole jaillisse. Et j'encourage activement à persévérer dans les émissions sonores.

Élisabeth continue donc dans la voie indiquée. Le cri s'enfle. Soudain, elle se met à hurler. Elle nous dira plus tard qu'elle a eu accès à un souvenir : le visage menaçant de son père.

Elle s'arrête un instant, attentive aux échos lointains, aux sensations, aux souvenirs, à tout matériau véhiculé par ses formes sonores. Elle fait halte sur des paliers émotionnels, en attitude de chercheur.

Notre patiente éclate soudain en sanglots : le groupe voit alors une enfant en état de détresse qui s'adresse pour la première fois à son bourreau. Un père terrible pour la petite fille qu'elle a été, mais qui ne représente plus aucun danger pour l'adulte en situation thérapeutique. Élisabeth est prête à questionner sa peur et son traumatisme d'enfant. Pour elle, mettre au jour sa rage et sa souffrance, c'est trouver une brèche d'accès à des souvenirs, des affects profonds, fondations affectives sûres et stables sur lesquelles elle pourra entamer un travail de réorganisation et de restructuration de soi.

Une telle séance d'exorcisme, au sens littéral du mot, impressionnera peut-être le lecteur. Surtout s'il imagine qu'en groupe, plusieurs personnes mènent simultanément la même démarche que notre patiente. Le taux de décibels atteint parfois des sommets !

Depuis vingt ans que je pratique, j'ai moi-même perdu dix pour cent de mes facultés auditives. Si bien qu'aujourd'hui, lorsque mes patients sont au plus fort de leur crise, je protège mes oreilles, devenues hypersensibles car trop sollicitées, avec un casque. Évidemment, ces oreillettes ne me coupent pas complètement d'eux, mais elles suppriment les fréquences les plus hautes. Les patients sont d'abord surpris de me voir mettre ce casque, ils s'imaginent que je me dérobe. C'est pour moi une nouvelle occasion de leur expliquer que je suis tout disposé à les aider, mais pas aux dépens de ma propre santé...

Ce qu'on doit comprendre toutefois, c'est qu'il ne s'agit pas de crier pour crier. Pour reprendre ma métaphore pétrolière, ce serait comme forer un puits au petit bonheur la chance, sans étude préalable du terrain. L'homme qui, pris dans un embouteillage, passe le temps en hurlant comme un sauvage dans l'habitacle de sa voiture — ou le supporter qui crie pendant deux heures dans un stade — soulage une certaine tension. Mais il s'agit d'un simple défoulement. On laisse sortir un peu de vapeur. L'effet thérapeutique est nul. Alors qu'en Dynamique Émotionnelle, le cri permet d'aller à la racine du mal pour supprimer la source même de cette vapeur symptomatique.

Mais il n'est en aucun cas une obligation mécanique. Tandis qu'un patient hurle sa colère, d'autres vont pleurer en silence. C'est moins spectaculaire, mais ce peut être humainement très poignant.

Paradoxalement, le cri ou le son est une approche en douceur. Il permet au patient de prendre un contact « mesuré », « modulable », avec sa souffrance intérieure. Le patient découvre qu'il peut s'en approcher au plus près... et revenir sans encombre. Beaucoup de nageurs débutants n'osent pas sauter du grand plongeoir de peur de ne plus pouvoir refaire surface. Le cri fait sentir aux patients qu'ils peuvent refaire surface, qu'il existe dans leur muraille défensive une porte d'accès franchissable à volonté, dans un sens comme dans l'autre. Et qu'ils ne s'en portent que mieux au retour !

Nos cris, nos pleurs, les sons que nous émettons ne sont pas des « excrétions » effrayantes ou des quantités négligeables. Condition *sine qua non* de notre existence, ils sont à la fois le signe et la trace de notre appartenance au monde et à nous-mêmes.

REVIVRE SA NAISSANCE : PAS OBLIGATOIREMENT

L'hyperventilation et le cri réactivent nos souvenirs enfouis, ils nous permettent de remonter dans un passé lointain qui est la source de nos difficultés. Lors des séances, on assiste donc fréquemment à des phénomènes de régression. Les patients ont tendance à se recroqueviller en position fœtale, ils vagissent comme des nouveau-nés ou quémandent par leurs gestes une tendresse maternelle.

Parce qu'elle passe par le ressenti, la Dynamique Émotionnelle peut atteindre des affects qui appartiennent à notre pré-histoire, et qui ne s'étaient pas même inscrits dans la conscience. Souvenirs de notre apparition au monde, ou même reflets de névroses parentales.

Je pense à un cas très grave, un peu exceptionnel peut-être, mais qui peut illustrer mon propos. Pierre était un enfant de douze ans, catalogué « arriéré mental », placé dans une classe de débiles profonds et suivi par des pédopsychiatres.

Ses parents étaient marchands de fruits et légumes sur les marchés. Ma secrétaire, qui les voyait de temps à autre, leur parla de moi et de ma thérapie. La mère décida alors de m'amener l'enfant.

— Je ne peux rien faire, commençai-je par lui répondre. Ce n'est pas mon domaine.

Mais elle insista, décidée à tout faire pour sauver son fils. Elle me raconta qu'elle avait eu un accouchement très difficile : son fils était coincé, il avait mis quarante heures à naître.

— On va essayer, dis-je finalement. Je vais le prendre pour une séance et on verra bien ce qui se passe.

En groupe, je prends la tête du gamin entre mes jambes, je la comprime pour lui faire retrouver ses sensations d'accouchement. Et j'entends l'enfant qui dit :

— Maman, ne me tue pas ! Laisse-moi sortir !

Il se met à parler avec une intensité, une présence, qu'il n'avait jamais en temps normal. Encouragé par cette réaction, j'ai donc décidé de poursuivre la thérapie.

Après un certain temps, j'ai compris que je ne pouvais résoudre le problème sans faire aussi venir la mère. De séance en séance, une histoire a vu le jour, fabuleuse et terrible en même temps...

La mère de Pierre était fille de maraîchers. En fait, c'était une enfant illégitime. Son père avait eu une aventure avec une de ses vendeuses, celle-ci avait eu un bébé de lui. En l'apprenant, l'épouse du maraîcher avait mis sa jeune rivale à la porte en la traitant de tous les noms, mais elle avait décidé de garder la petite fille car elle-même souffrait de ne pouvoir être mère.

Les années passèrent, et cette femme vécut dans la

terreur qu'on vienne lui réclamer l'enfant sur laquelle elle n'avait aucun droit. Elle couva la gamine, l'empêchant de sortir seule, craignant à tout instant de la voir enlever à sa garde. Le message était donc : « Il ne faut pas laisser sortir l'enfant. »

Lorsque la fillette est devenue une jeune femme et qu'elle a été enceinte à son tour, le message de sa mère adoptive est ressorti en clair : « Il ne faut pas laisser sortir l'enfant. » D'où un accouchement très pénible, qui laissa de graves séquelles sur le petit garçon, lequel avait ressenti les réticences de sa mère.

En groupe, celle-ci a pris conscience de cette problématique, elle l'a travaillée — allant même jusqu'à rechercher et retrouver sa mère biologique. Chez son fils, les progrès ont été concomitants et spectaculaires. Les grilles et les barreaux qui encombraient toujours ses dessins ont disparu, les fenêtres de ses maisons se sont ouvertes... Il s'est mis à parler, il a appris à jouer aux échecs, à calculer. Il est aujourd'hui capable de travailler avec ses parents, de compter la monnaie, etc. Alors qu'on le disait incurable.

Ce qui est fascinant, en outre, c'est que, pendant les séances, il a revécu littéralement sa naissance ! Il évoquait les bruits des talons de l'infirmière sur le carrelage, la piqûre reçue par sa mère, puis enfin cette lumière immense, comme des phares d'automobile : les scialytiques du bloc opératoire. « Et puis il y avait ces sirènes qui faisaient un bruit lancinant... » ; ce que la mère a d'abord contredit, jusqu'à ce qu'elle se rappelle que c'était le 14 juillet et qu'on entendait en effet le bruit des sirènes du grand huit et des *scenic railways* de la fête foraine.

Et pendant des années, l'enfant en était resté là, constamment en retrait, ne laissant rien sortir, persuadé que l'extérieur est synonyme de danger, symptôme vivant de la névrose des parents et grands-parents.

De nombreux patients ont pu ainsi décrire leur venue au monde. D'un seul coup, on s'aperçoit qu'on a pu être influencé, ou marqué à vie, par tout un environnement pré- et postnatal. Le corps n'oublie pas. C'est une expérience qui ouvre des compréhensions inouïes. J'ai vu des patients revivre « en direct » leur quasi-étouffement par le cordon ombilical.

— C'est pour ça que j'ai toujours peur dans les trains, ou que je ressens cette angoisse qui m'étrangle, ce sentiment de ne pouvoir m'en sortir, ce tunnel d'échecs...

J'ai moi-même eu une naissance des plus difficiles. Ma mère me retenait car j'étais le garçon qu'elle n'avait pas été. Tant que j'étais en elle, elle était complète. Si je sortais, elle se retrouvait vide. Je suis né ainsi avec onze jours de retard. En même temps, ma mère me faisait un cadeau inestimable puisqu'elle me considérait comme le réceptacle de toute la valeur du monde !

Conscient du rôle que joue la naissance dans notre équilibre psychique, il m'arrive de provoquer la réémergence de ces instants cruciaux, notamment dans ce que j'appelle « nos marathons ». Il s'agit de super-séances qui durent une douzaine d'heures non-stop. Toute une nuit à attaquer la névrose, à miner ses défenses par épuisement... C'est une méthode « forte », réservée à des participants triés sur le volet parmi ceux qui ont le plus avancé dans leur travail personnel. Au cours de ces marathons, je construis un tunnel à l'aide de matelas et j'installe sept ou huit personnes dessus. Chacun devra se faufiler dans ce « conduit utérin », ramper jusqu'à l'air libre...

Mais contrairement à certains confrères, je ne fais

pas de ce revécu de l'accouchement un but en soi de ma thérapie. Le *rebirth* n'est pas une panacée. Si le problème vient de la naissance, alors c'est là qu'il faut aller, pour sortir enfin de ce cycle infernal qui fait que les enfants héritent des souffrances de leurs parents. Mais la névrose peut prendre sa source ailleurs. La naissance s'est bien déroulée, elle a été bien vécue, bien intégrée par l'enfant ? Alors inutile d'y revenir, sauf peut-être pour prendre conscience. On n'améliore pas le beau temps...

LES BIENFAITS DU TOUCHER

L'exemple de Pierre, l'arriéré mental, montre en outre que, loin d'éviter le contact physique avec mes patients, je peux le rechercher volontairement. Lorsque mes outils thérapeutiques font approcher le patient des zones douloureuses de son psychisme, il n'est pas rare que se découvre une dépression dans la poitrine, révélatrice d'une tension interne qui a provoqué des rétractions musculaires. Dans cette région, l'énergie a été bloquée, comprimée. J'interviens alors pour appuyer sur le plexus, siège du chakra émotionnel, et sur le front : par une pression douce et lente, le thérapeuthe tente de rétablir un pont entre la conscience et le cœur.

En groupe, le thérapeute travaille souvent en position de *bounding* avec le patient, c'est-à-dire qu'il le prend dans ses bras, qu'il l'étreint, qu'il répond à son besoin de réconfort physique. Mise en pratique par mon patron Casriel, cette technique encourage le patient à exprimer son sentiment présent puisque ce contact corporel étroit est ressenti comme un accompagnement et un soutien.

Il est finalement celui que, enfant, le patient n'a pu

obtenir de ses parents. Le vide comblé provoque un choc émotionnel, lequel à son tour permet de lever la force refoulante et la censure. Le sentiment profond peut alors affleurer.

Le contact physique offre aussi l'avantage de court-circuiter le mental, chose particulièrement appréciable lorsqu'on a affaire à un patient hautement intellectualisé. C'était le cas de Jean-Michel, qui souffrait de ce que j'appelle « le complexe de Lucky Luke » : c'est-à-dire qu'il cherchait à satisfaire le désir de l'autre avant même que celui-ci l'ait exprimé. Il voulait sans cesse devancer ce qu'il croyait qu'on attendait de lui, si bien que ses propres désirs étaient entièrement étouffés.

Dès la première séance, un de mes assistants fit allonger Jean-Michel sur un matelas... et s'assit sur son ventre. Le patient ne protesta pas. Il nous a dit plus tard qu'une seule idée l'avait effleuré : était-il assez confortable pour le thérapeute ? Mais au bout d'une heure, cette situation renvoie de façon trop criante, trop charnelle à des notions d'exploitation, de soumission, d'anéantissement de soi pour qu'il n'y ait pas de réaction chez le patient. Jean-Michel nous a dit avoir eu un flash : « À quoi bon vivre, si je dois continuer à vivre ainsi ? » Une étincelle de vécu venait de mettre en branle une volonté de changement que l'intellect n'avait pu mobiliser.

Il m'arrive ainsi de privilégier l'approche par le contact corporel pour provoquer ou activer le travail en émotionnel. En fait, je tente d'approcher l'enfant en souffrance en chacun des patients, l'enfant qui a perdu confiance dans le contact avec lui-même et avec autrui. C'est pourquoi je touche les patients à pleine paume : un enfant, on le tient « plein la main » quand on le soutient. Je ne « prends » pas les gens, je ne

La Dynamique Émotionnelle Exprimée / 191

ferme pas la main sur eux : je pose la main, je suis constamment en ouverture. Et je n'effleure pas avec les doigts — ce qui pourrait suggérer une caresse intime.

J'ai remarqué qu'un contact corporel peut accentuer et aider à assouplir la communication. Certains exercices, comme se donner la main en émettant des sons, par exemple, facilitent d'entrée le travail en émotionnel. Mais je n'utilise cette approche qu'en groupe, parce qu'elle est ainsi donnée à voir à tout le monde ; le groupe est partie prenante des règles de fonctionnement définies d'entrée de jeu thérapeutique : il n'y a pas véritablement d'interdit mais des limites. Je suis constamment attentif, quoi que je dise ou fasse, à accompagner le patient et à travailler avec lui « en ouverture » : c'est très important.

LA MANTRATHÉRAPIE
OU L'ANTI-MÉTHODE COUÉ

Respiration, sons, cris, toucher, approches, portes d'entrée... Mais la technique qui constitue sans doute la clé de voûte de la Dynamique Émotionnelle passe par le langage : c'est la mantrathérapie.

Le *mantra* est un mot sanscrit désignant une formule sacrée qui est pour les hindous un moyen d'évoquer et d'invoquer le divin, en vue d'une protection et d'une concentration.

En quelques mots, ce que je nomme « mantrathérapie » consiste à faire répéter par le patient un énoncé, une phrase de son discours que le thérapeute a perçu comme un élément signe ou témoin d'un ensemble d'affects coincés ou refoulés. C'est là une insistance incantatoire qui évite cependant la litanie, car elle est personnelle. Il faut que les patients finissent par entendre ce qu'ils n'entendent pas ou refusent d'entendre dans la vie. L'augmentation de la pression psychique qui résulte de ce leitmotiv va mettre sur le devant de la scène des émotions ou des fantasmes, bref des matériaux utilisables pour le travail d'analyse.

Lorsque les patients parlent de leurs problèmes, ou des images qui leur sont venues à l'esprit lors d'exercices tels que la respiration ou le cri, le thérapeute repère des dysharmonies entre ce qui est dit et ce qui est ressenti. Tout concourt à attirer son attention : les diverses postures, un regard évité, un éclat de rire. Mais ce pathologique s'exprime aussi bien sûr dans le langage même du patient : ce peut être un lapsus, ou une difficulté particulière à aborder un sujet, ou au contraire une fixation sur un mot, sur une notion.

C'est au travers de tous ces éléments que le thérapeute sent une perte de mobilité dans le fonctionnement psychique. Il devine une inhibition, une carence de maturation, une expérience passée qui aurait été comme mal digérée et retenue prisonnière dans un recoin du cerveau. Le patient lui-même n'y a plus accès : mieux, il emploie une grande partie de son énergie à s'interdire cet accès. Pour surmonter une situation douloureuse, le psychisme a adopté la solution du refoulement. Aujourd'hui, il considère qu'il va de sa survie de ne pas laisser sortir ce qui a été refoulé.

Lorsque je crois tenir une piste, je propose au patient de répéter de façon insistante le membre de phrase qui me semble le plus représentatif de son discours, ou le plus accessible parce que véhiculant une moindre résistance. Souvent, c'est le patient qui « se propose » cette phrase à lui-même. Prenons, par exemple, une jeune femme, Hélène, qui a un problème relationnel avec sa mère : celle-ci, malade, en profite pour réclamer l'attention exclusive de sa fille, laquelle ne peut donc s'éloigner sans ressentir un vif sentiment de culpabilité. Elle est consciente d'être manipulée et en veut à sa mère. Je lui demande de répéter :

— Elle en profite ; ça me dégoûte.

Hélène va malaxer cette pâte langagière à la façon d'une comptine. Elle « joue » avec ses propres mots et avec les différentes modulations affectives qu'elle leur associe. Cette répétition a d'abord pour objet de donner un certain recul à la patiente : au lieu de simplement dire son ressentiment, elle va être à l'écoute de sa parole. Spectatrice de son propre énoncé, elle retrouve la mobilité psychique dont la névrose la privait.

Si la patiente répète mécaniquement la phrase clé sans que celle-ci éveille le moindre écho en elle, c'est que le thérapeute s'est trompé de direction. À moins qu'il n'ait sous-estimé la résistance psychique : il devra alors tenter une autre approche, plus détournée.

Mais s'il a vu juste, s'il est au même niveau que Hélène, il va y avoir un écho. L'énoncé va entrer en résonance avec la problématique de la patiente. De mécanique, la répétition devient fervente. Par le biais de la parole, on parvient alors à une activation, à une dynamisation du symptôme névrotique, qui va prendre sens, à l'instar de la mayonnaise qui « prend » à un moment donné :

— Tu en profites, maman ; ça me dégoûte.

Sur mon conseil, Hélène s'adresse directement à sa mère. Il faut qu'un reproche soit adressé à la personne à qui il est destiné. Sinon, il ne pourra jamais être oublié. On assiste à un *crescendo* émotionnel. Hélène crie, trépigne, martèle du poing les matelas en même temps qu'elle martèle ses mots. D'elle-même, elle modifie encore sa phrase, dévoilant un nouveau progrès :

— C'est toi qui me dégoûtes ! C'est *toi* qui me dégoûtes !

Étape essentielle où la patiente parvient à relier les deux éléments de son discours. Au départ, son sentiment se masque derrière un « ça » indifférencié. À présent, Hélène ose enfin exprimer l'animosité suscitée par l'attitude de sa mère, sentiment auquel sa position de fille lui empêchait formellement de donner voix. En suspens, sans adresse, le dégoût ressenti devenait dégoût de soi. À présent, celui-ci peut être extériorisé et placé, le « moi » n'est plus « possédé ». On peut donc bel et bien parler d'exorcisme puisqu'il y a une « exogènéisation » du mal. Celui-ci n'est pas intérieur et intrinsèque, il est l'autre. Hélène a accompli une grande partie du chemin. (Il lui faudra par la suite comprendre que ce mal est aussi en elle, qu'elle doit l'intégrer. Dans un premier temps, afin de gommer les zones sombres de son psychisme, le sujet est considéré comme totalement bon. Dans un deuxième temps, il est devenu tellement grand qu'il a aussi envie d'être mauvais, car c'est plus intéressant d'être les deux...)

J'ai provoqué chez Hélène une surtension, une surchauffe émotionnelle qui libère une énergie considérable et lève les barrières de contrôle de son psychisme. Elle s'est laissée traverser par l'émotion, elle lui a donné jour dans l'« ici et maintenant » de la thérapie.

On a injecté du présent dans le passé. Le décalage entre les deux redonne du jeu à une position bloquée.

Cela modifie radicalement le regard que le patient porte sur un pan figé de son histoire. Hélène a été élevée dans l'esprit d'un sacrifice naturel de l'enfant à l'égard de ses parents, à qui elle *doit* la vie. Les abus maternels ont donné naissance à une colère qui ne pouvait s'exprimer. Hélène avait développé de ce fait un sentiment de culpabilité auquel elle s'était identifiée à tort.

À présent, par le biais de l'émotion, elle se rend compte que le strict respect de cette position entraîne le phagocytage de son « moi ». Elle parvient enfin à dissocier l'amour qu'elle peut éprouver pour sa mère de cette obligation de dévouement qu'on voudrait lui imposer. La culpabilité est alors comme « décollée » du « moi », Hélène peut s'en débarrasser comme d'un vieux manteau.

En conclusion, il faut donc que l'émotion soit ressentie, exprimée et communiquée, c'est-à-dire humanisée, pour que le sujet ait enfin son histoire à sa disposition.

* * *

Pour mieux faire comprendre au lecteur le rôle de la mantrathérapie, voici quelques exemples réduits à leur plus simple expression : un cas, un énoncé, une problématique qui se fait jour...

Corinne, vingt-cinq ans, est anorexique. En groupe, elle nous dit que la sensation de faim lui « échappe ». Si elle ne mange pas au moment où elle ressent une petite faim, celle-ci disparaît presque aussitôt et Corinne ne peut plus manger. À l'écoute de tout ce qui peut émaner d'elle, je lui demande de répéter :

— Maman, c'est maintenant.

Le déclenchement émotionnel est quasi immédiat.

Corinne ressent des douleurs intenses au niveau de l'estomac, elle prend conscience physiquement d'une faim insatisfaite.

En fait, dans les mois qui ont suivi la naissance de Corinne, son rythme biologique n'a pas été respecté, notamment en ce qui concerne la nourriture. Le bébé s'endormait épuisé d'avoir hurlé pour « dire » sa faim. Corinne a été amenée à bloquer, à ignorer son besoin de nourriture. Par la suite, ce schéma s'est figé, elle est devenue incapable de manger.

En séance, elle a pu exprimer l'urgence de son besoin à sa mère. Et cela lui ôtait un poids sur l'estomac ! « C'est maintenant » la renvoyait dans le temps instantané, dans le présent du bébé Corinne qui avait dû se plier au rythme et aux horaires de sa mère. L'adulte Corinne pouvait maintenant apprendre à répondre elle-même à ses manques. Aujourd'hui, elle mange avec appétit...

Patrick est le fils « raté » d'une famille bourgeoise. Son frère brillant réussit tout, ses études puis sa vie professionnelle. Lui n'arrive à rien. Je lui propose la phrase :

— Je ne jouerai plus à vos jeux.

Le travail sera long et difficile. Ce qui apparaît, c'est que Patrick est devenu une sorte de souffre-douleur dans une famille où tout va bien par ailleurs. Il représente l'échec, il personnifie « celui qui n'arrive à rien ». Il se trouve alors pris dans une double demande : le message « officiel » est la réussite, le message caché est « Ça nous arrange bien que tu ne réussisses pas ». Les parents peuvent, par exemple, reprocher à leur fils sa mauvaise volonté à les satisfaire.

En refusant de jouer ce double jeu, Patrick a acquis

une plus grande lucidité vis-à-vis de ses parents, de leurs demandes affectives et des pièges de dévalorisation présents dans leurs rapports. Après plusieurs échecs successifs, il a enfin passé son permis de conduire et repris ses études interrompues.

Pascal est un grand schizophrène. Il fait des bonds de kangourou comme pour mieux « piétiner ses mauvaises pensées ». Sa mère était orpheline de père et elle avait fait de son enfant un remplaçant paternel. Elle le surnommait « papa ». Le gosse était perdu dans le temps, il ne trouvait plus son rythme, ni son « moi ». Je lui propose de dire à lui-même : « Pascal, je voudrais t'aimer, t'accepter, te respecter » — ce que sa mère aurait dû pouvoir lui dire. Ce faisant, il devient lui-même sa propre mère. Il prononce les paroles qu'aurait dû dire sa mère. Mais celle-ci justement utilisait son fils pour satisfaire son propre manque d'affection paternelle. Pascal était donc dans une rage, une frustration fantastiques — ce qui est compréhensible : qu'un étranger nous utilise, ce peut être dur, mais que celle dont on attend qu'elle nous donne nous « prenne », au contraire, l'écart n'en est que plus grand et la douleur plus vive. Pour l'enfant Pascal, c'était le monde à l'envers.

— Pascal, je voudrais avoir confiance en toi.

Énoncé qui se transforme bientôt en :

— Je voudrais avoir confiance en moi.

D'abord extérieur à lui-même, il commence enfin à parler en son nom, à revendiquer sa propre identité et non celle imposée par la mère.

— Il y a de la colère en moi.

Pascal doit sentir qu'il ne fait pas qu'un avec sa rage : il doit éprouver l'existence et la permanence de son « moi », perçu comme le contenant de ses sentiments.

Alice est une jeune femme superbe et qui a du mal à connaître le plaisir. Sans doute parce qu'elle a été élevée dans un milieu catholique très strict. Le travail se fera, comme souvent, en plusieurs étapes. Je lui demande de commencer par :

— Sacrifier le sacrifice.

Alice a toujours appris à se dévouer aux autres. Par la technique que j'appellerai « du scorpion », je retourne sa propre défense pour percer la cuirasse.

Je lui propose ensuite de répéter :

— J'ai besoin de tendresse.

Alice doit affirmer son besoin. Elle faisait une confusion entre tendresse et sexualité : elle en arrivait alors à avoir des relations sexuelles pour obtenir cette tendresse. Ce qui n'est pas une base saine pour une sexualité épanouie... Je lui demande enfin de travailler :

— Papa, j'ai besoin de sentir que tu m'aimes.

Son père l'aimait, mais comme il ne le lui montrait pas, Alice en avait déduit qu'il n'avait pas d'affection pour elle. Je note aussi l'importance de la communication entre les êtres.

Ce qui nous ramène à mes positions de base : il ne suffit pas que l'émotion ou le sentiment existent, il faut les manifester. D'après toutes les religions, Dieu a créé le monde par le Verbe. La parole permet la manifestation. Il faut que ce soit dit pour que ce soit vraiment.

* * *

Toujours concernant la mantrathérapie, voici livrés pêle-mêle quelques exemples supplémentaires de phrases que j'utilise dans mes groupes. Je ne suis pas magicien et je dois souvent tâtonner avant de trouver celle qui opérera le « déclic » dans l'esprit du patient.

Quelle est la peur du patient ? Quel est son désir ? Que veut-il éviter ? Je décode la petite musique émise par le patient et qu'il ne peut entendre. De longues années d'expérience ont certainement affiné mon intuition, en même temps qu'elles m'ont permis de reconnaître quelques schémas directeurs, dans le fond comme dans la forme.

Grosso modo, disons que les gens peuvent être sensibles à plusieurs types d'arguments : éthique, esthétique, moral ou logique. Je dois adapter mon approche au tempérament du patient. À une patiente que son appétit sexuel culpabilise, je peux demander de répéter : « C'est bien d'avoir envie », ou « Mon désir est beau », ou enfin « J'ai un besoin, *donc* je dois le satisfaire ».

Dans la liste qui suit, j'ai choisi volontairement les formules qui ont quelque chance d'éveiller un écho chez le lecteur, à quelques nuances d'adaptation près. Elles correspondent à des comportements, à des habitudes de fonctionnement dont nous sommes tous plus ou moins victimes. La plupart d'entre elles, que j'utilise en séance, ont un aspect provocateur ou paradoxal, déroutant ou bien encore humoristique, car il s'agit évidemment de susciter un malaise ou une réaction quelconque chez le patient, afin de « chatouiller » ses résistances. La mantrathérapie est à l'opposé d'une litanie mécanique : il faut au contraire injecter de l'affectif, même douloureux. Ces « aphorismes » doivent mener le patient là où il ne veut pas aller, ils doivent bouleverser ses conceptions, l'obligeant à une remise en cause radicale, puis à un réajustement dans une construction plus harmonieuse.

Au fond, c'est l'anti-méthode Coué : celle-ci dit « J'ai chaud » pour ne pas sentir le froid. Mais je fais répéter « J'ai froid » jusqu'à ce que le patient sente d'où vient cette sensation.

La mantrathérapie ne signifie pas qu'à mes yeux la vérité intérieure d'un être pourrait se résumer à une seule petite phrase. Celle-ci n'est — mais c'est déjà beaucoup — qu'un révélateur et un détonateur de ses blocages. En groupe, au fil des séances, au fil des mois, le patient la transforme et la complète, puis travaille sur d'autres énoncés comme autant de nouvelles étapes sur le chemin de son réaménagement psychique.

Dans la pratique, les énoncés peuvent être plus « pointus » que ceux qui suivent et s'adresser spécifiquement au problème d'un patient, mais la démarche reste la même... Par exemple :

Je n'ai pas à satisfaire tout le monde.
Je te quitte pour rester avec moi.
Arrêtez de me faire peur de tout.
J'ai le droit de me plaindre.
Papa, j'ai le droit de ne pas être comme tu me veux.
Je suis fatigué(e) de donner.
Ce n'est pas parce que je peux que je dois.
Ce n'est pas parce que je t'aime que je te dois.
Ce n'est pas parce que tu m'aimes que je te dois.
C'est triste, je n'arrive pas à avoir de la peine.
Maman, laisse-moi sortir, tu m'étouffes.
J'ai le droit de ne pas être comme toi.
Sans la dispute, il n'y a pas d'harmonie.
Papa, pose-moi des questions.
Je n'ai pas honte de ne pas t'aimer.
Je te dis non, je me dis oui.
J'ai le droit d'être moi.
J'ai le droit d'avoir un sexe.
Moi d'abord.
Je dois oser demander.
Je suis tout(e) seul(e) mais je suis libre.
Occupez-vous du petit enfant qui est en moi.

Mon chemin est grand et immense.
Mes enfants, vous m'écrasez.
Je n'ai pas envie de m'intéresser à ce qui ne m'intéresse pas.
Pour réussir, il faut prendre pour soi.
Etc.

Les énoncés tournent autour de la question fondamentale qui se pose à l'être humain, celle de son rapport à l'autre : peur, dépendance, non-communication. Seuls quelques grands initiés sont parvenus à résoudre complètement ces problèmes. Ce qui n'empêche pas les autres de fonctionner globalement bien. La petite enfance leur a peut-être appris des modes de fonctionnement dont l'économie n'est pas parfaite, mais la vie qui est thérapeutique nous permet ou nous contraint de rectifier le tir de nous-mêmes. L'enfant solitaire apprendra le plaisir à vivre avec les autres, le garçon agressif trouvera d'autres moyens de conquérir sa place dans le monde, etc.

Mais pour un certain nombre d'entre nous, il y a un malaise véritable. Les problèmes ne sont pas résolus ou trop mal. Quelque chose est coincé dans le psychisme et ne cesse de se cogner à la vitre comme une chauve-souris. Ce qu'il faut bien voir, c'est que ce dysfonctionnement que les gens finissent par prendre comme une particularité désagréable de leur personnalité peut être supprimé. Il ne faut pas s'y résigner.

LE JUDO MENTAL :
NE PAS RÉSISTER AUX RÉSISTANCES

Lorsque la mantrathérapie se révèle inopérante, lorsque la répétition n'ouvre visiblement aucune brèche dans le dispositif défensif, je me tourne alors vers d'autres tactiques comme le *judo mental*.

Françoise poursuit une thérapie parce qu'elle se sent souvent angoissée, bien qu'en apparence ses conditions de vie soient aisées, tant sur le plan matériel qu'au point de vue affectif. Au cours d'une séance, elle me fait part des progrès considérables qu'elle a accomplis depuis quelques mois : autrefois très inhibée, elle n'hésite pas aujourd'hui à prendre des initiatives.

Toutefois, je note que son action se tourne uniquement vers le bénévolat, si bien qu'elle ne dispose plus de temps libre pour elle. Je lui en fais la remarque :

— Tu fonctionnes mieux... mais pour les autres, pas pour toi.

Françoise est un peu surprise. Elle m'explique qu'elle a toujours envie de se montrer utile. Son mari travaillant dix heures par jour, elle ne peut supporter l'idée de rester un moment oisive, car cela ferait d'elle un simple parasite.

— Je prends du plaisir à me rendre utile, cela me justifie, continue la patiente.

« Cela me justifie »... Peu à peu, afin de se justifier, Françoise se retire le droit à la gratuité, elle ne s'autorise plus à flâner sans but, à aller seule au cinéma, à jouir de ses instants de liberté. L'autre est devenu le passage obligé pour sentir le temps. Inutile et parasite sont désormais indissociables aux yeux de Françoise.

L'approche mantrathérapique ne donne aucun résultat probant. J'ai proposé à la patiente de répéter sur tous les tons des phrases du type « J'ai envie de perdre mon temps » ou « J'ai le droit d'avoir envie ». Mais Françoise a ânonné ces formules sans aucune conviction. Les résistances sont trop puissantes ou bien la patiente, qui ne fonctionne en permanence que par rapport aux autres, n'est pas suffisamment centrée sur son « moi » pour que s'effectue l'embrayage affectif de la mantrathérapie.

Quoi qu'il en soit, je choisis de modifier ma tactique. Renonçant à lutter de front contre des défenses surpuissantes, je vais au contraire jouer dans le sens même de cette résistance. C'est ce que j'appelle « le judo mental ». L'adepte de cet art martial qu'est le judo exploite la pression de son adversaire : au lieu de s'arc-bouter contre elle, il va soudain l'accentuer. L'adversaire qui s'attend à ce qu'on lui résiste se retrouve entraîné et déséquilibré par sa propre poussée. Les hommes d'affaires connaissent bien ce stratagème : ne pas d'emblée contrecarrer les propositions, critiques ou éventuels refus de leur vis-à-vis ; accepter ou faire mine d'accepter sa démonstration, jusqu'à ce que celui-ci en découvre ou en démontre malgré lui la faille.

Je vais faire la même chose en thérapie : exagérer les symptômes ou la position névrosée de la patiente pour mieux en faire apparaître l'outrance. Prenons un exemple, simplifié à l'extrême : un patient me parle de son aversion irréductible pour le sexe. J'opine du bonnet en lui disant qu'il a bien raison, et combien ces choses-là sont dégoûtantes. J'en rajoute tant et si bien qu'il va finir par me dire : « Oui, mais quand même, j'en ai envie ! »

Ainsi, au lieu de m'échiner à démontrer au patient qu'il a tort, je fais mine d'être parfaitement d'accord avec lui. Je comprends son problème et j'accepte les solutions qu'il a trouvées. Voyant en moi un allié, le patient va alors démobiliser son système défensif. Si je comparais le psychisme à une usine, je dirais que tout le potentiel du névrosé se trouve investi dans l'éclairage extérieur et dans le réseau de protection électrique au lieu d'être utilisé pour faire tourner les machines. Je propose au patient de prendre à ma charge la protection de l'usine — ce qui permet de dériver son potentiel électrique à l'intérieur de l'usine, où il peut enfin réalimenter les turbines.

Reprenons le cas de Françoise. Je sais qu'elle place l'utilité au premier rang de ses critères de valeur. Je vais pousser au maximum dans cette direction. Je me lève, je traverse la salle et prends dans un vase une rose qui m'a été offerte tout à l'heure par une patiente. Je reviens et je la tends à Françoise en lui disant :

— Tu ne veux pas l'effeuiller ?

Je mets la patiente devant la logique de sa position : si le parasite n'a pas le droit de vivre, alors cette rose, qui ne « sert » à rien, il faut la détruire...

J'ai sciemment choisi un objet non fonctionnel mais valorisé par sa beauté. La patiente est ainsi amenée à remettre en question la position figée qui était la sienne jusqu'alors. Cette rose « inutile » a son utilité, même si elle ne sert pas à quelque chose de précis. Donc « l'inutile » — ou le parasite — a peut-être le droit d'exister... C'est un véritable flash pour Françoise : loin d'être contradictoires, l'inutilité et la vie peuvent être complémentaires.

Françoise refuse d'effeuiller la rose, dont la destruction renverrait sans doute à sa propre destruction. Elle ne peut faire autrement que de la protéger.

Je lui signale alors que, de toute façon, la rose privée de son eau va bientôt se faner et mourir. Si Françoise ne bouge pas, l'inutile, mais aussi la beauté seront détruits. La patiente est alors obligée de se lever pour aller remettre la rose dans son vase. Ce faisant, elle entre en contradiction avec son fonctionnement antérieur, qui lui interdisait de se mobiliser pour un « parasite ». Elle reconnaît à présent la valeur de l'inutile, alentour et pour elle-même. On assiste donc à un renversement des notions de valeur initiales.

Le travail n'est évidemment pas terminé. Mais le mouvement est réintroduit, la position n'est plus fixe. Par ce type de remise en question, la patiente explore peu à peu sa longitude et sa latitude, elle apprend à se repérer et à se positionner dans le monde.

LES ÉQUATIONS MENTALES : DES IDÉES REÇUES PRISES POUR DES VÉRITÉS

Mon travail de repérage en mantrathérapie m'a amené à remarquer que beaucoup de patients, lorsqu'ils parlent d'eux-mêmes, ont recours à des formules de pensée ou de fonctionnement qu'ils considèrent comme des évidences quasi universelles... Un peu comme Françoise qui disait : « J'ai toujours envie d'être utile, cela me prouve que je vis. » Ou bien des gens qui m'annoncent : « Si je me mets en colère, on ne m'aimera plus », ou encore « Plus j'attends, plus j'ai de chance de voir qui j'attends... ».

Ces formules ont souvent un aspect d'équations mathématiques : un énoncé à deux termes liés par un rapport d'équivalence ou de conditionnalité. C'est ce que j'appelle « les équations mentales ». L'ensemble paraît stable, logique. C'est le fruit des expériences du patient, l'aboutissement de sa réflexion sur la vie. Il dispose ainsi d'une somme de verbes personnels qui constituent des axes de fonctionnement sur lesquels il peut prendre appui en toute sécurité, mais qui l'empêchent d'évoluer.

Pour le patient, ces équations sont « résolues ». Elles ne comportent aucune inconnue. La position qui en résulte apparaît, de ce fait, stable et efficace. Et pourtant...

Je puise là un matériau thérapeutique d'une grande richesse. Car ces maximes sont la pointe visible d'un iceberg, la partie cachée étant le matériel non conscient dont elles sont issues. Je dois montrer au patient que les équations mentales peuvent se déplier comme un éventail et laisser apparaître une image encore inconnue, mais digne d'intérêt, facette d'une identité à découvrir et à déployer.

C'est la situation de groupe qui va permettre les premiers pas dans cette direction. En effet, le sujet va énoncer ce qu'il suppose être la vérité universelle, et les autres vont lui renvoyer qu'elle n'est que la résultante d'un travail personnel, d'un vécu où les variantes familiales et éducatives sont prépondérantes.

Comme dans le judo mental, il ne s'agit pas, pour le thérapeute, de critiquer ces équations, de s'opposer à elles, de les rejeter comme des axiomes névrotiques ou fous, mais simplement de « déplier » l'équation mentale en position de recherche et d'attention, afin de déterminer comment se sont soudés les termes.

Je repère chez Bernard l'équation suivante : « Si je n'ai pas tout fait, je mérite le malheur. »

Ce sujet est un véritable bourreau de travail. Dans son entreprise, il s'oblige à tout superviser, court du four au moulin au mépris des messages de souffrance physique ou psychique. Je vais lui demander de soumettre son équation à chacun des membres du groupe. Chaque fois, il y a contact, réception, retour. Ce sont quinze expériences humaines, quinze vies qui répondent au patient et qui lui permettent de mieux se comprendre lui-même.

Les deux premiers membres du groupe consultés disent ne pas voir de lien nécessaire entre les deux éléments de la phrase proposée par Bernard. Celui-ci va alors s'adresser aux autres, mais cette fois (et spontanément) sur le mode interrogatif. Un effet de jeu se crée, qui multiplie les interactions. Qui dit jeu dit incertitude et donc augmentation des chances d'obtenir de nouvelles positions.

— Si je n'ai pas tout fait, est-ce qu'il m'arrivera malheur ?

Sans s'en apercevoir, il a déjà modifié les termes de l'équation. La notion de malheur « mérité » a disparu. L'équivalence entre le travail inachevé et la culpabilité va donc être, dans sa propre vie, remise en cause. En tout cas, elle ne s'imposera plus comme une évidence.

Pas à pas, avec l'aide du groupe et du thérapeute, en suivant les émotions qu'éveillent ses interrogations, Bernard va pouvoir retrouver les chevilles manquantes qui sous-tendaient son équation. Elles sont en résonance directe avec des positions parentales intégrées dans la petite enfance. Parents trop exigeants, poussant leurs enfants à devenir des « bêtes à concours »...

— Si je n'ai pas tout fait, je n'ai rien fait. Et si je n'ai rien fait, il m'arrivera malheur et je l'aurai bien mérité.

Petit à petit, l'enfant, puis l'adulte finit par s'enfermer ainsi dans des équations-sentences qu'il respecte, prenant cette obédience pour un « trait de caractère ». Bernard considérait sincèrement que c'était sa « nature » de consacrer toute son énergie à son travail, oubliant d'ailleurs que la nature n'est en aucun cas le caractère. Double équivoque... Il bannissait tous les doutes qu'auraient pu faire surgir les souffrances physiques ou morales infligées par son excès de labeur. Les termes médians de l'équation étaient éludés ou bannis, et seule la conclusion restait. Mais une fois confrontée à l'opinion du groupe, l'équation, soudain, n'était plus qu'une structure inerte, qui s'adaptait mal à la variété nécessaire d'une existence réelle et bien vécue.

La surchauffe émotionnelle : un jeu sous haute surveillance

Cela dit, il ne faudrait pas s'imaginer que les déblocages se font comme un tour de magie, en deux, trois séances et confrontations de groupe. Il faut du temps : temps d'écoute lors des thérapies en tête-à-tête, surveillance des réactions de chacun dans le groupe, tâtonnements du thérapeute pour trouver la phrase, la faille, la juste provocation, et le moment adéquat pour commencer le travail. Mais grâce à la surchauffe émotionnelle, aux multiples renvois au « moi » qu'apportent les autres, et au travail que je demande aux patients de faire chez eux, ce temps se trouve sensiblement réduit par rapport aux méthodes de thérapie psychanalytiques traditionnelles.

Il ne faut pas croire non plus qu'on peut appliquer ce genre de soins à la légère, ni traiter le « jeu » du groupe comme un *happening* sans danger. Méthode de la surchauffe et du choc psychiques, la Dynamique Émotionnelle est une thérapie extrêmement puissante et, à ce titre, elle n'est pas sans présenter un certain nombre de risques.

Le dynamitage soudain des digues qui, chez le patient, empêchent l'expression et la libre circulation des émotions est comparable à un véritable séisme. L'art du thérapeute consiste à lever ces barrages progressivement, de façon qu'un raz-de-marée n'emporte pas tout. Si le flot n'est pas contrôlé, il peut endommager le tissu psychique.

Le lecteur se souvient peut-être de cette schizophrène que, jeune interne, j'avais soignée à l'hôpital de Chalon. Elle était recroquevillée sur elle-même depuis si longtemps que les ongles lui entraient dans la paume de la main. Il était inimaginable qu'elle pût se redresser tout d'un coup. C'est la même chose au niveau psychique : les patients se sont raidis dans une position, ils ne peuvent retrouver leur souplesse en une séance. Les déblocages seront progressifs, concentriques, et dûment contrôlés par le médecin. Thérapie de transes, la Dynamique Émotionnelle ne peut s'effectuer que sous surveillance. Les séances du groupe ne figurent pas un vaste gueuloir où l'on viendrait se défouler à plusieurs, sans garde-fous. Le thérapeute suit en permanence le patient et draine le torrent des émotions jusqu'à ce qu'il ne coule plus qu'un paisible ruisseau. Curieusement, ce traitement de choc s'applique à doses homéopathiques.

D'ailleurs, toutes les précautions du thérapeute n'empêchent pas certaines décompensations douloureuses, comme elles se produisent aussi bien en analyse traditionnelle. Après trois heures de séance, il arrive que les patients sortent en larmes. Parfois, lorsque je ferme le cabinet le soir, j'entends encore quelqu'un qui pleure dans la salle de thérapie. Je dis à la femme de ménage de le laisser tranquille un moment, jusqu'à ce qu'il reprenne ses esprits. Comment ne serait-il pas un peu secoué ? Il vient de découvrir, de sentir dans sa chair qu'une problématique échafaudée pratiquement sur du néant, sur de l'inexistant, a gâché une bonne partie de sa vie ! Le choc est rude à encaisser. Dans un premier temps, avant de se reprendre en main, le sujet hébété ne peut que mesurer l'étendue du désastre.

Je me souviens d'un patient dont les deux parents étaient orphelins. Chacun l'ayant pris comme remplaçant du parent manquant, l'enfant n'était pas aimé pour lui-même. En réaction, il s'était enfermé dans un mutisme total dès son plus jeune âge. Le message qu'il transmettait était le suivant : « Vous avez mon corps, mais vous n'aurez pas mon âme. Puisque ce n'est pas moi que vous voulez, vous n'aurez qu'un cadavre. » Quatre heures après la fin d'une séance de travail révélatrice, il était encore sur le trottoir de l'avenue Paul-Doumer, devant ma porte, ne sachant pas s'il allait tourner à gauche ou à droite... Aujourd'hui, il parle couramment.

Quant à mon attitude vis-à-vis des patients, elle n'est évidemment pas complaisante : ce serait aller à l'encontre de la thérapie. Je peux les accompagner, me montrer paternel, « maternel », mais il faut qu'ils fassent le chemin. Dans ce but, il m'arrive de leur parler plutôt durement. Je peux même me montrer très ferme, crevant les abcès avec précision. Lorsqu'un patient en pleine dépression refuse de travailler, je lui dis : « Si tu meurs, j'irai à ton enterrement, j'aurai au moins le plaisir d'être triste. » Avec un peu de chance, il me traite de salaud et nous voilà partis...

Cela dit, on ne réussit pas toujours. J'avais une patiente, Marguerite, dont le fils toxicomane s'était défenestré. Elle passait son temps à faire du chantage auprès de ses amis : « Venez, ou je me tue. » Je la mettais en garde : « Attention, tu vas finir par réussir. » Un jour, ce sont les pompiers qui ont débarqué chez elle au lieu des amis qu'elle attendait. Les amis en question, en effet, à la suite de son appel, avaient alerté ces derniers. Affolée, Marguerite s'était jetée par la fenêtre. Morte sur le coup. Je me souviens que deux jours plus tôt, en groupe, je lui disais : « Si tu continues comme ça, tu vas crever. » La mise en garde n'a pas suffi.

On me jugera sans pitié. Mais il faut bien réaliser que les névrosés sont des gens qui, souvent, ont déclenché une véritable avalanche, à partir d'une simple boule de neige. Le thérapeute sait qu'il s'est engagé dans une course de vitesse pour empêcher cette avalanche de balayer le patient sur son passage. Il y a urgence. Un remède de cheval s'impose. Et qui dit médicament puissant dit risque — ce qui, on l'a vu, est très différent de danger.

Les patients sont unanimes : les séances de thérapie sont parfois dures, et même très dures. Mais ils savent bien que cette épreuve les aide, qu'ils en sortent avec plus d'énergie. Le groupe est souvent synonyme de douleur, mais aussi d'amélioration dans la vie de tous les jours. La partie d'eux-mêmes qui était angoissante, ou absurde, et qui nécessitait tant d'énergie psychique se trouve investie autrement. Le fonctionnement du patient en est comme allégé. En dépit des risques, je reste donc persuadé que c'est au cœur de la maladie que se trouve le remède. Et c'est en utilisant le « pire », c'est-à-dire le conflit, que, d'un seul coup, il se passe quelque chose de bénéfique.

En fin de séance, afin de réduire au maximum les décompensations pénibles, je fais en sorte, dans la dernière partie, de diriger le travail des patients sur des notions positives : revalorisation de soi, joie du ressentir, du contact avec l'autre, etc. Mais ce n'est pas toujours nécessaire. Car l'aspect violent et dramatique d'une séance de thérapie est contrebalancé par les rapports de tendresse et d'humour qui se sont installés entre nous. Tendresse car le patient sait et sent que, quoi qu'il arrive, je suis son complice. Humour aussi car je m'efforce de raconter des anecdotes ou des histoires drôles qui vont soulager une tension, éclairer sous un jour nouveau la problématique d'un patient. Deux personnes qui rient sont sur la même longueur d'onde. Parfois, je mime l'attitude d'un participant, mon outrance pouvant lui ouvrir les yeux. Tout le monde rit... et au bout du compte, le patient en question ! En fait, pendant ces séances, il y a autant d'amour et d'éclats de rire que de cris et de souffrance. Mais qu'est-ce donc que l'être humain, sinon le mélange de tous ces éléments ?

Je disais précédemment que le groupe ne prêtait guère d'attention à un patient en train de crier ou de pleurer. Il est en train de travailler sa problématique, les autres la leur. Pourtant, lorsqu'un patient est vraiment proche de lui-même, lorsqu'il touche à la profondeur de son être, un silence se fait soudain, presque miraculeux. Le groupe l'écoute, le comprend, l'accompagne, tel un chœur antique. L'émotion devient palpable. La Dynamique Émotionnelle est avant tout un champ d'humanité traversé par le flux de la vie.

Apprendre à devenir
son propre thérapeute

On aura compris, à travers l'exposé de ma stratégie thérapeutique, que j'ai une position qui peut parfois être aux antipodes de celle d'un analyste traditionnel. Celui-ci accomplit une sorte d'ascèse : il se tait pour permettre au patient de s'écouter. C'est une approche tout à fait honorable mais qui comporte à mes yeux au moins un énorme défaut : son extrême lenteur. On laisse le patient parler d'autre chose que de sa problématique, on respecte un discours qui évolue par association libre. Celle-ci permet au patient d'éviter — temporairement, il est vrai — le nœud du problème. On va laisser le sujet tourner autour du pot jusqu'à ce qu'il se rende compte que c'est quand même bien de « ça » dont il parle ! Cela peut durer trente ans...

Là où l'analyste est en retrait, moi j'interviens, je provoque. La mantrathérapie peut ainsi être considérée comme l'antithèse de l'association libre. Dès que je repère un élément signifiant dans le discours du patient, je m'en empare et je lui demande de le répéter jusqu'à plus soif. Au lieu de le laisser glisser sur autre chose, je le rattrape par la manche, je l'oblige à s'engager dans cette direction. En somme, j'accélère quand les analystes freinent.

Ma thérapie est une thérapie de l'accompagnement. Toucher, judo mental, jeux de miroirs... partout j'accompagne le patient, je l'encourage, je le révèle, je m'implique corporellement et affectivement. Je suis le « bon parent » qui lui a fait défaut, je joue le rôle du filin qui permet au plongeur d'explorer à moindre risque les profondeurs de son psychisme. Ma position favorise le travail du patient : c'est parce qu'il est accompagné qu'il s'autorise à entrer en contact avec des zones douloureuses. Il sait que, quoi qu'il arrive, il peut compter sur la fidélité d'un thérapeute tout acquis à sa cause.

On s'en doute, mon approche est une véritable hérésie aux yeux de certains analystes rigides. Et certes, en guidant les patients par la main, je cours le risque de leur imposer ma propre interprétation de la réalité. Ils peuvent être tentés de me copier, et de saborder ainsi leur vrai « moi ». Mais si je prends ce risque, c'est que je pars du principe que les patients sont aussi capables que moi. J'ai confiance en eux car je crois qu'au fond, ils sont sains. Et si momentanément ils se sentent un peu désorientés, je me dis qu'ils vont finir par se repérer.

Pourquoi le thérapeute ne serait-il pas un « moi auxiliaire » à l'abri duquel les patients se construisent, comme l'enfant se construit à l'abri de l'image des parents, jusqu'à ce qu'il soit suffisamment lui-même pour s'en démarquer ?

Pour favoriser ce processus, je n'hésite pas à travailler parfois mes propres problématiques devant le groupe. En premier lieu, cela consolide la thérapie, puisque je m'applique à moi-même ce que je leur demande de faire. Mais surtout, cela apporte une dose d'humanité. Le thérapeute était hissé sur un piédestal, on découvre subitement que c'est un colosse aux pieds d'argile. « Tu es nul, donc je peux être nulle moi aussi, me dira une patiente. Tu es embarqué dans la même galère que nous tous... »

Les patients s'aperçoivent que, si je suis globalement heureux et équilibré, cela ne va pas sans quelques ratés. Je sais nager, mais il m'arrive encore de boire la tasse. En tout cas, nous sommes tous dans le même bain. Je n'évolue pas dans une quelconque piscine miraculeuse à laquelle les patients n'auraient pas accès. Le bonheur n'est pas ailleurs, il n'est pas hors humanité, il est ici même.

Les moyens dont je dispose, les patients prennent conscience qu'ils les possèdent aussi. Cette sagesse qu'ils trouvaient dans le thérapeute, ils savent qu'elle est aussi en eux. En somme, je leur ai appris à lire, ils peuvent désormais composer leur propre texte. Ils deviennent leur propre thérapeute, ils intègrent le bon parent au lieu de le chercher à l'extérieur.

Le style d'accompagnement que je propose au patient, la variété des techniques utilisées, la présence de différents partenaires dans le groupe modifient les données initiales du transfert. En fait, le groupe offre la possibilité de multiples transferts, de telle sorte que la figure du thérapeute n'occupe pas tout l'espace affectif du patient. En comparaison avec l'analyse classique, je dirai que le transfert, en Dynamique Émotionnelle, est considérablement élargi et orienté différemment, donc utilisé d'autre façon. Je reste vigilant à ce qui résonne en moi quand j'interviens, mais je compte également sur la vigilance du groupe. J'ai remarqué qu'il y a toujours un patient pour pointer une possible équivoque, un quelconque glissement... En outre, s'il est vrai que je peux prendre mes patients dans mes bras, les serrer, les toucher, c'est parce que le groupe est là. En thérapie individuelle, la relation corporelle prend tout de suite la dimension de l'équivoque sexuelle et de la séduction. Or, certains patients ne travaillent en émotionnel que si je les touche, ils ont besoin d'une activation au niveau sensoriel, mais je ne peux les approcher que grâce à la « caution du groupe ».

Et le message que véhicule constamment ce groupe, c'est : « Si c'est possible pour l'autre, c'est possible pour moi. » Quant à moi, je suis un décodeur, du moins au départ. Il s'agit pour moi d'entendre la vraie musique des patients. Après quoi, je deviens le catalyseur de leurs réactions, et les choses, peu à peu, se mettent en place d'elles-mêmes. Rien ne me fait plus plaisir que d'entendre un patient me déclarer : « Maintenant, Étienne, tout va bien : je peux me passer de toi, mais je suis bien content de t'avoir connu... »

L'objectif final, c'est en effet que mes patients ne ressentent plus le besoin de venir me voir. Les médecins exercent une étrange profession qui les oblige à travailler avec acharnement à la disparition de leur clientèle...

Cela n'est pas pour m'inquiéter, bien au contraire, et je m'active pour que soient partout diffusées les techniques de la Dynamique Émotionnelle. Comme me dit un de mes patients : « Tu as le savoir-faire, à présent il faut le faire savoir. » Je ne prétends pas détenir la Vérité, ni la panacée, mais plus simplement une méthode qui marche et qui a fait ses preuves. Tant qu'on ne m'aura pas démontré mon erreur, tant qu'on n'aura pas trouvé mieux, je continuerai à me battre sur ce terrain.

Certains veulent changer les individus en agissant sur les structures : ils font de la politique. Mon tempérament et la vie m'ont porté à une démarche inverse : si je veux changer la société, c'est en partant de ses fondements mêmes, c'est-à-dire d'une succession d'individus. Je m'occupe des grains de sable plutôt que des institutions. Car, au fond, je ne crois guère aux retombées positives des structures sur le mieux-être général. Celui-ci passe à mon sens par l'addition des mieux-être particuliers. Aussi mon travail s'apparente-t-il à de la prophylaxie. Les quelque dix mille patients que j'ai pu soigner sont comme un vaccin injecté dans le tissu social. Parce qu'elle est relationnelle, parce qu'elle repose avant tout sur la communication et l'échange en groupe, la Dynamique Émotionnelle permet aux gens de se mouvoir avec plus d'aisance dans la société et contribue à l'améliorer, en y revéhiculant des valeurs humanitaires.

La Dynamique Émotionnelle
dans l'entreprise

C'est aussi vers le « social » que s'oriente un de mes projets actuels. Une nouvelle aventure me tente : celle de la thérapie en entreprise. Le projet diffère de celui que je mène dans mon cabinet car il ne s'agirait plus de structurer de fond en comble une personnalité mais d'aider les gens « normaux » à mieux fonctionner dans un cadre précis de travail.

Les problèmes à résoudre relèvent essentiellement de la communication. Ainsi, la culture française d'entreprise utilise largement le stress comme levier de commandement et moteur de rentabilité. À mon sens, c'est ne penser qu'au court terme. Cela conduit inévitablement aux abus de pouvoir et aux conflits. Ne peut-on pas trouver une autre voie, plus longue peut-être mais en définitive plus fructueuse ?

Au début des années 1970, j'ai déjà réalisé de brèves expériences, notamment dans une célèbre entreprise d'informatique. J'ai réuni dans un même groupe le président-directeur général, des cadres et des ouvriers spécialisés. J'ai pu constater que cela marchait, qu'on aboutissait à une meilleure compréhension.

J'ai également travaillé pour un grand groupe pétrolier, sous la forme d'un séminaire d'une semaine. Cette société désirait imposer un changement d'image de marque mais le message ne passait pas à la base. D'un seul coup, sous l'impulsion du thérapeute, tout le monde s'est mis à communiquer. Il s'est créé entre la direction et les employés des ponts qui n'existaient pas auparavant.

En thérapie d'entreprise, il n'est évidemment pas question de faire faire le retour aux parents, à l'enfance. Je travaille dans l'« ici et maintenant ». Il s'agit en fait d'une analyse transactionnelle qui s'appuierait sur l'émotion, par le biais notamment de jeux de rôle. Il faut apprendre aux gens à communiquer sans commettre les erreurs qui pourraient donner d'eux une fausse image, par exemple, ou braquer le partenaire. Il faut aussi inciter les membres de l'entreprise à mener une vie agréable, à aménager leurs rapports travail/vie privée, à ne plus alimenter leurs névroses dont les répercussions, dans ce vaste creuset qu'est l'entreprise, peuvent avoir des conséquences à long terme.

L'amélioration du vécu dans l'entreprise entraîne logiquement une amélioration de la rentabilité. On n'obtient pas la meilleure efficacité en faisant régner la terreur ou la suspicion. En revanche, si les contacts humains marchent, tout marche. C'est l'évidence même. Face à la compétition, le groupe sera plus homogène, plus soudé. Le système hiérarchique sera mieux perçu, non pas comme une contrainte, une source d'abus, mais comme le seul système cohérent : il faut bien que quelqu'un dirige, à condition qu'il le fasse pour le groupe et non pour ne servir que sa propre ambition. S'il devient un jeu, le travail par équipe se fait plus actif, plus créatif que lorsque la hiérarchie dicte des ordres arbitraires et que l'on se retrouve réduit en quelque sorte à l'état de robot, dans un engrenage dont on ne perçoit pas le but. L'absentéisme se raréfie, les performances sont accrues. L'investissement le plus gratuit se révèle le plus payant. Mais encore une fois, c'est un investissement à long terme...

Pour le thérapeute, ce type de travail pose cependant un problème d'éthique. Car sa technique peut être mal utilisée. Il fallait être naïf comme Pasteur pour croire que sa « découverte » des microbes ne pourrait pas se retourner contre l'humanité — sous forme, par exemple, de guerre bactériologique. On peut donc penser que la thérapie en entreprise pourrait être employée aux fins d'un plus grand contrôle des employés. Aussi le thérapeute doit-il refuser de remettre aux employeurs tout rapport écrit sur ce qui pourrait se passer et se dire dans les groupes. Mais en fait, je crois que le risque de récupération de la Dynamique Émotionnelle comme moyen de contrôle des subalternes est peu important car cette thérapie est avant tout un facteur d'augmentation de liberté. Les gens ont plus de choix, plus de possibilités de réponses. La liberté introduite est le meilleur antidote contre toute tentative de systématisation.

Il existe toutefois un autre risque, dont j'ai eu moi-même l'illustration en travaillant pour cette compagnie pétrolière. À l'issue d'un stage qui avait donné d'excellents résultats, j'ai été remercié. Mes employeurs se sont dit que ma méthode était un jeu d'enfant et qu'ils pouvaient monter des groupes sans aide extérieure. Cela s'est mal terminé : le P-DG a baissé son pantalon et s'est mis à tourner dans la pièce à quatre pattes en criant : « Je suis nul, je suis un bon à rien. » Il a fallu le mettre hors circuit pendant quelque temps...

Là réside le danger des thérapies sauvages. Aujourd'hui, on voit des thérapeutes imprudents ou même des « psychopitres » faire de la publicité dans les journaux en promettant le bonheur en quarante-huit heures. C'est tentant, mais c'est le moyen le plus sûr d'aller à la catastrophe. Plus un médicament est actif, plus il faut le doser avec soin. On travaille là sur le fil du rasoir.

Quand on communique dans une séance de

groupe, tout paraît merveilleusement simple. On finit par oublier que le thérapeute est là, qui tient la barre et oriente la voilure. On se dit que c'est facile de mener le bateau. Sans direction « professionnelle », sans maîtrise, la thérapie de groupe peut alors se révéler dramatiquement néfaste. S'ils ne sont pas guidés par des meneurs parfaitement formés, les patients peuvent finir en bouffée délirante.

Une « médecine » psychosomatique ?

L'impact psychologique d'une thérapie de groupe comme la Dynamique Émotionnelle est formidable. Je crois qu'on est loin encore d'en connaître toutes les possibilités. C'est d'ailleurs dans le sens de cette exploration que se situe le deuxième axe de mes projets futurs.

On a vu que la Dynamique Émotionnelle « libérait » des affects enfouis au plus profond de nous-mêmes. Mais sait-on ce qui se produit exactement, physiologiquement parlant ? Ces souvenirs sont-ils inscrits dans certaines cellules ?

Les blocages de notre inconscient influent aussi bien sur notre santé mentale que sur notre santé physique. On admet aujourd'hui couramment le caractère psychosomatique fréquent de nombreuses maladies, telles que l'ulcère de l'estomac, l'asthme, voire certaines formes de cancer. Ce champ n'est-il pas beaucoup plus étendu qu'on ne le croit généralement ?

En vingt ans de pratique, j'ai pu moi-même constater dans mes groupes des guérisons qui défiaient nos connaissances médicales actuelles. Mais précisons bien qu'à chaque fois l'effet n'était pas recherché en tant que tel, mais obtenu par surprise et de surcroît.

Ce que la religion appelle « miracle » ne relèverait-il pas aussi de ce système, de cette alchimie encore inconnue qui se produit dans notre corps lorsque disparaissent les blocages internes ? Sans doute y a-t-il des limites à la thaumaturgie. À ma connaissance, on n'a jamais vu un cul-de-jatte retrouver ses jambes. En revanche, des paralysés ont pu recommencer à marcher... Ce qui veut dire qu'il y a des limites au surnaturel et que, par conséquent, il appartient aux humains de s'occuper scientifiquement de ces phénomènes.

Vaste domaine ! Mais s'agit-il seulement de science-fiction ? Je considère que la Dynamique Émotionnelle a déjà accompli un réel progrès sur les méthodes traditionnelles. Quelques dizaines de séances seulement sont parfois nécessaires pour aider des patients que l'analyse classique aurait mis des années à traiter. Est-il vraiment utopique d'imaginer que, d'ici un siècle ou deux, une connaissance plus approfondie de nos mécanismes psychiques permettra de réduire encore ce temps ? Les thérapeutes du futur seront peut-être capables de déterminer le blocage et de le résoudre en quelques heures, et ses conséquences à l'avenant ! On est en droit de penser qu'ils accompliront alors des « miracles » qui dépassent notre entendement. Les premiers avions ne faisaient pas plus de cent kilomètres à l'heure : aujourd'hui, les fusées atteignent trente mille kilomètres/heure. Qui sait si les progrès en psychologie ne seront pas aussi fulgurants ? Bien sûr, il y aura des résistances : les anciens mécanos d'appareils à hélices ont vu arriver d'un mauvais œil les turboréacteurs. Mais le monde est ainsi fait qu'une méthode dépassée est bientôt remplacée par une plus efficace...

Action sur le corps social, action sur le corps humain... Deux directions de la Dynamique Émotionnelle qui pourraient prendre de l'ampleur et qui alimentent en tout cas la passion que je nourris pour mon travail. Je suis loin encore d'avoir épuisé les plaisirs et le bonheur que je tire de mes séances de groupe presque quotidiennes. Je ne trouve finalement qu'un seul gros inconvénient à ma thérapie : le cinéma et le théâtre ont perdu pratiquement tout intérêt à mes yeux. Quelle fiction pourrait rivaliser avec les drames, les rebondissements, le comique aussi qui se jouent dans le huis clos de nos séances ? Chacune de nos vies sera toujours plus belle que le meilleur des romans.

LES RACINES DU MAL

Il nous reste à examiner un dernier point, crucial. En quoi la Dynamique Émotionnelle a-t-elle modifié le comportement des patients et leur conception de la vie ? Quels sont les changements qui se manifestent ?

Facile, me direz-vous : les symptômes de la névrose se sont envolés. Eh bien non, justement. La Dynamique Émotionnelle a un inconvénient par rapport aux autres thérapies : c'est la plus lente à guérir les symptômes. Pour la bonne raison que ceux-ci ne m'intéressent pas...

Les thérapeutes dits « comportementalistes » sont bien plus efficaces que moi sur ce plan, apparemment toutefois. Imaginons que j'aie une phobie de la vitesse en voiture. On va m'emmener de force sur le circuit de Montlhéry et l'on va m'apprendre, ou plutôt me « dresser », à ne plus avoir peur en automobile. Le symptôme aura disparu, mais je ne saurai pas ce qu'il y a dans la boîte noire de mon psychisme. Je ne connaîtrai pas les raisons de ma peur, donc elle « ressortira » ailleurs, réactivée autrement.

Beaucoup de gens pensent qu'ils seront guéris lorsqu'on les aura débarrassés de leurs symptômes. Ils sont si déboussolés qu'ils espèrent trouver le bonheur en étant « normaux ». Aux États-Unis, on a conditionné ainsi des homosexuels à renoncer à leur pratique, quand ils la jugent déviante. On leur présente des photographies d'hommes nus, et chaque fois qu'une érection s'esquisse, elle est aussitôt réprimée par un choc électrique. Au bout de quelques séances de ce genre, le sujet ne manifeste plus d'excitation pour les individus de son sexe : il est prétendument guéri et même content de l'être. Mais a-t-il envie de l'autre sexe ? Est-il mieux dans sa peau ? J'en doute, puisqu'on ne sait toujours pas ce qui se passe dans la boîte noire... et moi je me demande ce qu'il en est, « au fond », pour eux !

Les gens ainsi traités « fonctionnent », ils sont normalisés, mais ce sont quasiment des robots. En tout cas, ils ne sont pas « heureux ». Ils vont même plus mal qu'avant puisqu'il n'y a plus de compensation de leur névrose par un symptôme. Mais cela ne tardera pas à resurgir ailleurs. Les patients présenteront alors un ulcère de l'estomac, de l'eczéma ou toute autre maladie psychosomatique. On constate ainsi, chez les gens qui ont arrêté de fumer par acupuncture, une augmentation des infarctus.

La raison de ces phénomènes est simple : c'est qu'on soigne le symptôme sans s'en prendre à son origine. On traite la conséquence et non la cause. Vous avez des insomnies ? On vous donne un somnifère. Mais pourquoi avez-vous du mal à dormir ?

À la différence des thérapies comportementales, la Dynamique Émotionnelle va précisément débusquer les raisons profondes qui sont à la source de l'alcoolisme de tel patient ou de l'obésité de tel autre. On ne s'occupe pas du symptôme lui-même. Pire, il peut s'aggraver momentanément puisque plus j'approche de l'abcès, plus le psychisme compense en raidissant ses défenses...

Plonger à la racine, trancher le nœud gordien, tel est bien l'objet de la Dynamique Émotionnelle. Mais en toute logique, cette démarche est plus douloureuse. Pas d'anesthésie possible. Il faut que le patient œuvre dans le vif. Une chose est claire : les améliorations qu'il peut ensuite constater dans sa vie quotidienne ne sont pas de l'ordre du magique. Elles sont le fruit d'un véritable travail d'astreinte, commencé avec le thérapeute, poursuivi seul. Lorsque nous avons repéré les problèmes, il serait naïf de croire qu'ils s'en iront par enchantement, sur un simple claquement de doigts.

Pourtant, je l'ai dit, il n'est pas rare, au terme d'une séance, de voir des patients déjà transformés. Ils sont plus détendus qu'à leur arrivée, ils semblent plus sereins, plus heureux. Selon toute vraisemblance, il s'est produit un « déclic » dans leur esprit. Une ou plusieurs techniques mises en œuvre par le thérapeute leur ont permis de modifier le regard qu'ils portaient sur eux-mêmes. Mais ce changement positif peut tout aussi bien disparaître le lendemain. Le patient va en effet se trouver de nouveau confronté au monde extérieur, à une famille, à un milieu professionnel qui, tous, lui renvoient une image « habituelle », figée de lui-même. Ainsi, hélas ! rappelé à l'ordre un instant, le patient a tôt fait de reprendre des habitudes et des modes de fonctionnement dont il s'était brièvement détaché... Pourtant, un facteur essentiel joue en sa faveur, et c'est sans doute l'apport le plus sûr de la Dynamique Émotionnelle. Le changement qui s'est produit durant la séance de groupe, le patient sait qu'il l'a *vécu*. Or, le psychisme n'oublie jamais ce qu'il a vécu ! Le patient sait donc que c'est là, quelque part en lui, et qu'il peut le retrouver en travaillant sa problématique.

La Dynamique Émotionnelle met l'accent sur le « sentir d'abord » et non sur le « comprendre d'abord ». Si votre problème est appréhendé intellectuellement, il peut être celui de n'importe qui. On reste dans l'abstrait. Si c'est ressenti émotionnellement, vous ne pouvez pas passer à côté. C'est votre histoire, elle vous frappe de plein fouet et vous oblige à un repositionnement de votre part.

Le passé douloureux doit être dit, vécu et accepté pour être réintégré, humanisé. Alors seulement tout peut redevenir tranquille. « Quand j'ai mangé, je n'ai plus faim ; quand j'ai bu, je n'ai plus soif. Je peux passer à autre chose, j'avance. » En faisant vivre aux patients ce qu'ils ont traversé autrefois, le thérapeute leur permet de vivre enfin librement le présent et l'avenir. Il faut que le passé soit rangé dans le tiroir « Affaire classée ». Il doit être oublié, c'est-à-dire accepté profondément et non refoulé.

Mais, me direz-vous, il n'y a pas grande différence entre l'oubli et le refoulement. Il y en a une pourtant, et de taille : l'un d'entre eux ne consomme aucune énergie. Si vous avez pu faire tous les pâtés de sable que vous vouliez quand vous étiez petit, vous n'êtes plus obsédé par les pâtés de sable. Vous pouvez consacrer votre temps et votre matière grise à autre chose. Le disque n'est plus rayé, votre vraie musique va pouvoir se faire entendre...

Puisqu'il ne dépense plus toute son énergie psychique à surmonter et contenir des conflits internes, le patient retrouve une vitalité perdue et une plus grande disponibilité à la joie. Entendons-nous bien :

cette vitalité, ce n'est pas moi qui la lui donne. Elle était déjà présente dans son psychisme, mais mal gérée. À présent, le patient peut développer toute la puissance de son moteur. Certes, nous n'avons pas tous des huit cylindres sous le capot, mais une petite voiture, ce peut être aussi amusant à conduire qu'une Ferrari, pour peu qu'elle tourne rond. Le sujet comprend qu'il est limité dans ses capacités, mais que cette limite ne le condamne pas à l'imperfection, laquelle n'est qu'une illusion due à une comparaison erronée.

L'ÉPANOUISSEMENT PERSONNEL

Beaucoup de gens craignent, si on les dépossède de leur névrose, de devenir « comme tout le monde ». Ainsi les peintres, les écrivains, les artistes en général sont persuadés que ce qui fait l'originalité de leur talent, c'est la partie névrotique de leur personnalité. Les en débarrasser, à leur sens, ce serait les couper de la source même de leur inspiration. Position « romantique » s'il en est, mais ils se trompent du tout au tout : c'est la névrose qui est semblable et répétitive. C'est dans la névrose qu'on fait comme tout le monde pour être comme tout le monde, parce qu'on a peur d'être rejeté en affichant sa différence. La névrose est, par définition, monotone, alors que l'individu dans sa réalité vraie est d'une richesse inépuisable.

Plus ils s'éloignent de leurs positions névrotiques, plus les patients deviennent eux-mêmes, plus ils deviennent uniques et originaux. Ce qui fait que, paradoxalement, *le changement de la thérapie consiste à arrêter de se changer*. Grâce à la Dynamique Émotionnelle, les patients découvrent leur vraie personnalité et l'assument, au lieu de la brider et de la dissimuler sous un masque d'emprunt. Forts de cette découverte, ils pourront plus facilement décider de la place qui leur convient le mieux dans la société. Auparavant, ils étaient comme une fleur qui ne parvenait pas à éclore.

En fait, les patients parlent moins de changement que de retour à soi. Comment pourraient-ils se dire changés, en effet, puisqu'ils ne se sont jamais autant sentis eux-mêmes ? C'est souvent l'entourage qui est plus conscient de la transformation survenue grâce à la thérapie. Car la relation aux autres se voit forcément renouvelée. Sur un court de tennis, si je relance la balle toujours de la même façon, mon adversaire va vite s'habituer à mon type de jeu. Si je change de tactique, si je donne des effets différents à ma balle, l'adversaire est surpris, il doit modifier à son tour son jeu. Ainsi, l'entourage du patient lui renvoie une image différente. En clair, le patient arrête de jouer ce qui convient à l'autre. Il a compris que, pour être heureux, il devait développer son propre jeu et occuper le terrain comme il l'entend. Ce qui explique que, parfois, la thérapie puisse être vécue difficilement par l'entourage. Cela peut aller jusqu'à la cassure.

La transformation du sujet est jugée inacceptable, elle remet en cause un *modus vivendi* « confortable » (mais à quel prix !). On voudrait bien laisser le patient dans le schéma pour lequel il a été programmé... J'ai eu ainsi plusieurs patientes entièrement dévouées au bien-être de leurs enfants. Elles préparaient leur repas, faisaient leur lit, les accompagnaient dans toutes leurs activités. Après quelques semaines de thérapie, elles ont commencé à prendre du temps pour elles. Les enfants le leur ont amèrement reproché. Pourtant, à long terme, ils étaient gagnants : un moment déboussolés, ils ont été amenés à faire l'indispensable apprentissage d'une plus grande indépendance.

Sur le plan professionnel, la Dynamique Émotionnelle conduit naturellement à un meilleur épanouissement. Les gens, se connaissant mieux, discernent plus clairement ce dont ils ont envie et ce dont ils sont capables : ils prennent des initiatives ou acceptent des responsabilités. On constate un besoin d'expansion de leur être. Les patients sont un peu comme ces poupées russes qui s'imbriquent les unes dans le autres, suivant une loi d'expansion naturelle. La névrose avait enfermé le « moi » dans la plus petite d'entre elles. À présent, ce « moi » veut occuper pleinement les contours de la plus grande poupée. On voit ainsi des gens reprendre des études à trente ou quarante ans, se recycler, postuler à des postes plus élevés qui, douze mois plus tôt, les auraient remplis de panique.

Les patients ont également révisé leur attitude vis-à-vis de leur supérieur hiérarchique. Ils cessent d'être réduits à l'état de gamins infantiles devant un « super-papa » ou une « super-maman ». Plus généralement, ils perçoivent mieux la différence de nature qui existe entre le professionnel et l'affectif. Avant, ils avaient tendance à tout mélanger : toutes les situations de travail faisaient écho à leur problématique personnelle — ce qui conduisait inéluctablement à la catastrophe. Désormais, ils comprennent qu'il y a deux niveaux distincts, qu'on a tout intérêt à maintenir tels. On ne règle pas ses problèmes affectifs au bureau et inversement.

Dans tous les domaines, les patients s'aperçoivent qu'ils peuvent dire et faire des choses qu'ils croyaient jusqu'alors impensables. Ils agissent autrement, c'est-à-dire plus en harmonie avec leur être, et ils constatent que non seulement le monde ne s'écroule pas, mais que les portes s'ouvrent plus facilement. Il y a un effet « boule de neige » dans le bonheur comme dans la névrose. Mieux on va et mieux tout va... Après tout, n'est-ce pas ce qui est dit dans la Bible : « Celui qui a, on lui donnera ; celui qui n'a pas, le peu qui lui reste, on lui prendra » ?

Les gens se mettent à expérimenter leur vie. Au lieu de la subir, impuissants, ils se posent la question : « Qu'est-ce que j'ai envie de vivre ? » Simultanément, ils prennent conscience qu'ils doivent se secouer pour faire avancer les choses, qu'ils ne peuvent compter que sur eux-mêmes pour progresser. Mais cela ne leur fait plus peur. Ils savent qu'ils sont capables de se débrouiller seuls et, plus important, qu'ils y trouveront du plaisir. Car, en définitive, le plus amusant dans la vie, c'est bien d'être seul à la barre, de choisir son cap et de prendre conscience de sa route ; le bonheur est le propre de l'homme, il est au service de notre « conscient ».

L'homme devient « expérientiel » : un mot créé pour désigner l'état de celui qui est attentif à ses expériences affectives, quelle que soit l'attitude des autres à son égard. Pleinement propriétaire de ses sentiments, il les maîtrise au lieu d'être gouverné par eux. Il en est le chef d'orchestre : si la grosse caisse tend à couvrir les autres instruments, il peut lui intimer silence. Ainsi, l'homme complet apprend à maîtriser sa colère ; il n'hésite pas à l'exprimer si besoin est, mais il ne se laisse jamais emporter par elle. Les sentiments ou les affects ne sont plus des chapes de plomb qui écrasent le « moi », mais des balles avec lesquelles l'individu apprend à jongler, ou mieux encore : des notes qui lui permettent de composer sa propre musique.

Ce caractère expérientiel explique en grande partie pourquoi les patients n'envoient pas tout promener à l'issue de la thérapie. On pourrait en effet imaginer que la révélation de leur « moi » profond les entraîne à lâcher leur boulet et même leur famille pour aller pêcher des perles dans le Pacifique ou trouver refuge dans un ashram tibétain. Il n'en est rien. Les patients apprennent à profiter du présent et de ce qui est à leur portée. Ils vivent souvent la même vie qu'autrefois, mais de manière radicalement — quoique subtilement — différente...

LA RÉVERSIBILITÉ THYMIQUE : QUAND LES AUTRES NE FIGURENT PLUS UN DANGER

Ayant résolu les rapports de soi à soi, le patient en fin de thérapie sera également à l'aise dans la relation de soi à l'autre. Il a atteint ce que j'appelle « la réversibilité thymique », c'est-à-dire la capacité à vivre ses affects, ses émotions et ses sentiments comme des expériences qui le mobilisent, tout en gardant sa position de sujet intègre et intact. Il ne craint donc plus le contact avec les gens puisqu'il est bien centré sur son « moi » et ne peut être déstabilisé par des affects extérieurs.

L'autre ne peut plus être source de peur puisqu'il est considéré comme un autre « soi » et que le dialogue intérieur n'est pas interrompu par sa présence mais au contraire nourri par les échanges qui s'établissent. Il n'y a plus d'exclusion mais un enrichissement et une expansion. Quand on parle à l'autre, on est conscient que, ce faisant, c'est aussi à soi-même qu'on s'adresse. L'espace de l'autre est une terre d'accueil

La Dynamique Émotionnelle Exprimée / 231

et non plus de lutte. Toute rencontre devient un bonheur car elle est une reconnaissance. Même lorsque cette rencontre est un combat, car la guerre existe aussi — inéluctablement.

Lorsqu'il contemple le monde autour de lui, l'homme réalisé garde conscience de son propre « moi » et de sa permanence. Il est dans le présent, ou plutôt dans son présent : avant de sentir, il est. Ce que Moïse disait déjà : « Avant que tu ne sois, je suis. » En théologie, on appelle cette notion « l'éternel » ; en psychologie, on l'appelle « la permanence ».

Je crois qu'il existe une sorte de trame vitale qui nous porte. On peut lui donner le nom qu'on veut : la Vie, Dieu, la Conscience, l'Humanité. Nous sommes dans ce tissu comme les poissons dans l'eau. Le poisson ne se pose la question de son élément naturel que lorsqu'on l'en sort. Et pourtant, ce milieu est là, il le sous-tend. Nous-mêmes sommes constamment portés par une vitalité inouïe, par un plaisir d'être.

Mais je dépasse là les bornes de ma fonction pour entrer dans le domaine des métaphysiciens et théologiens. Le thérapeute s'occupe du contenu du tiroir, pas du contenant lui-même.

LE DÉVELOPPEMENT PERSONNEL : À LA CHARGE DE CHACUN...

Je le répète souvent à mes patients : je ne suis pas chargé de leur développement spirituel, mais je crois qu'une thérapie réussie doit les mener à s'interroger sur cette permanence du Moi, et sur cette transcendance qui le supporte. Je leur dis que, pour être humain à part entière, il faut d'abord s'être posé cette question, ensuite avoir donné la réponse, enfin maîtriser les différents problèmes que cela soulève, par rapport à soi, par rapport aux autres, par rapport au monde.

Inutile de préciser que c'est une démarche de longue haleine, qui ne mène pas fatalement au statut d'initié — tout le monde n'est pas Bouddha, Jésus ou les autres... — mais qui peut donner à l'existence une fabuleuse dimension.

À condition, là comme ailleurs, de rester dans la vie et de ne pas s'égarer dans des ascèses de compensation : les faux mysticismes sont aussi des névroses. Ce début de millénaire, friande de terreurs planétaires et de catastrophisme, est la porte ouverte à maintes erreurs dans ce domaine. Ne tombez pas dans le piège.

N'allez pas croire non plus que c'est en quittant tout ce qui vous entoure que vous prendrez la route de la révélation. L'au-delà n'est pas au bout du monde. Qu'il soit notre propre transcendance ou Dieu (ce qui pour moi revient au même), comme pour le bonheur : « Si c'est ailleurs, c'est ici », donc en nous. J'ai connu, dans cette recherche, suffisamment de tribulations pour pouvoir en parler gaiement ! Féru, grâce à mon grand-père, de toutes les religions hindoues, je pensais que seul un grand périple au pays de Bouddha pourrait m'emporter vers les sphères spirituelles...

Je fis mon premier voyage à l'âge de vingt-six ans, en quête d'un maître qui m'ouvrirait les portes de la lumière. Je m'imaginais l'Inde comme un paradis de sagesse dont chaque habitant se comportait en grand averti. Je dus vite me rendre à l'évidence : la société indienne est faite de violence, de séparation rigide des

La Dynamique Émotionnelle Exprimée / 233

castes, et les plus religieux n'hésitent pas à s'étriper pour décider qui, des prêtres de Vishnu ou de Shiva, aura le privilège de se baigner en premier dans les eaux sacrées du Gange ! J'ai vu, à l'entrée des temples, des cohues dignes de celle du métropolitain et des bagarres aussi peu courtoises que celles qui animent une journée de soldes dans un grand magasin parisien ! J'ai vu des êtres humains... Qu'à cela ne tienne, je cherchais quand même mon gourou, sûr de le rencontrer au hasard des chemins, en me promenant quelque part sur la cordillère de l'Himalaya. À l'ambassade de France, je rencontrai un attaché culturel, épris comme moi de mystique indienne, qui m'accueillit avec scepticisme en apprenant que mon séjour n'excéderait pas trois semaines.

— Cela fait quatre ans que je cherche à rencontrer un certain moine bouddhiste ! me dit-il. Il est insaisissable. Quand je rentre par la porte, il sort par la fenêtre...

Il se trouva qu'il devait faire une nouvelle tentative le lendemain. Il accepta de m'emmener. Nous partîmes en Jeep pour un village situé à quelque deux cents kilomètres de Delhi, et là... nous fûmes reçus séance tenante par le moine en question. La chance me souriait. J'eus une conversation intéressante avec ce sage tibétain, vénéré par la population locale. Une de ses réponses fut pour moi une sorte de révélation. Je lui parlais de notre identification au corps, lorsqu'il m'interrompit :

— Vous savez, nous ne sommes pas notre corps.

Un peu interloqué, j'osai contester sa position.

— Est-ce qu'on vous a déjà arraché une dent ? me demanda-t-il alors.

J'acquiesçai.

— Et pourtant, vous êtes toujours vous, n'est-ce pas ?

Cette phrase fit sauter en moi un premier maillon de ma certitude que j'étais mon corps. Une confusion se dissipait entre l'intégrité de mon corps et ses dimensions, sa taille ou son poids. J'ai perçu qu'il y avait effectivement une permanence de mon être : à quatre ans, c'était moi ; à vingt ans, c'était encore moi. Comme je continuais à interroger ce moine, il m'arrêta soudain :

— Il faut que vous alliez voir le dalaï-lama.

— Je veux bien ; mais comment dois-je m'y prendre ?

— Vous devez vous rendre à Dahram Salam. Je vais vous donner le nom de trois lamas, vous leur direz que vous venez de ma part et que vous voulez lui être présenté.

Une nouvelle porte s'ouvrait comme par enchantement. De retour à Delhi, je montai rapidement une expédition pour me rendre à Dahram Salam, lieu que l'Inde avait octroyé au dalaï-lama et où s'étaient réfugiés des milliers de Tibétains fuyant l'occupation chinoise.

Le voyage fut éprouvant. Visiblement fier des performances de sa voiture, notre chauffeur indien roulait à tombeau ouvert, sans même lever le pied lorsque nous traversions un village, dépassant les véhicules plus lents à la grâce de Vishnu, ignorant systématiquement toutes mes exhortations à la prudence. Lorsqu'il attaqua les routes en épingle à cheveux des montagnes himalayennes, dont je parvenais à peine à admirer la beauté grandiose, je me dis qu'il fallait vraiment vouloir la révélation pour s'embarquer dans une telle aventure !

Nous parvînmes néanmoins sains et saufs dans une auberge située à quelques kilomètres de Dahram Salam. Là, je rencontrai un Canadien qui m'apprit qu'il attendait depuis un mois une entrevue avec le dalaï-lama ! Il était venu dans le but de lui faire don de plusieurs villas et de terrains au Canada. Moi qui étais loin d'avoir une telle offrande dans mon escarcelle, je songeai que mes chances d'obtenir une audience étaient sérieusement limitées. Le lendemain, en arrivant à Dahram Salam, j'aperçus trois moines tibétains assis sur un banc. J'arrêtai le chauffeur et je leur demandai si par hasard ils connaissaient les trois lamas auprès desquels on m'avait recommandé.

— Nous les connaissons très bien. C'est nous...

J'écarquillai les yeux, trouvant que, décidément, le « hasard » faisait bien les choses. Tout s'enclenchait à la perfection. Je leur expliquai qui m'envoyait et ce que j'espérais obtenir.

— Pas de problèmes, me répondirent-ils. Vous verrez le dalaï-lama demain matin.

De plus en plus surpris, je leur demandai :

— Vous venez souvent ici ?

— Non, c'est la première fois...

Sans m'attarder plus longtemps sur ma bonne étoile, je me préparai à mon entrevue avec le chef religieux. Je savais que je devais offrir un présent, en signe de respect et d'échange. Je cherchai dans le village et finis par mettre la main sur une écharpe en soie blanche du XVIIe siècle.

Le dalaï-lama me reçut presque comme un « frère » : au cours de notre entretien, il me dit : nous sommes jumeaux. J'en déduisis que nous étions nés le même jour, la même année... un autre verrou psychique sautait car c'était faux... Nous avons longuement devisé. Au moment de partir, il me prit dans ses bras et me rendit mon écharpe, comme pour me signifier que ce qu'on donne nous revient toujours. J'étais séduit par l'immense culture du dalaï-lama, par sa sincérité, son authenticité, mais je restais cependant un peu sur ma faim. C'était un être d'une grande spiritualité, mais somme toute peu différent de l'abbé supérieur d'une grande abbaye chrétienne. Je n'avais pas encore trouvé mon gourou.

Je suis donc rentré en France, gardant cependant de ce voyage le sentiment qu'il existait une sorte de protection naturelle, une organisation parfaite du monde, puisque successivement, partout où j'étais allé, les choses s'étaient arrangées d'elles-mêmes. À part ma bonne volonté et ma bonne foi, j'étais parti sans rien ou presque, et nous avions toujours trouvé à nous loger, à nous nourrir. Si l'on est sincère, les gens le sentent immédiatement, et les portes s'ouvrent avec facilité. J'ignorais comment cela marchait — et je ne le sais toujours pas — mais j'ai pu le vérifier en maintes occasions par la suite.

Le monde est ainsi fait. Il est incroyablement précis et organisé. Dès lors, je n'ai plus guère éprouvé de craintes ou d'appréhensions. Au fond, j'avais l'impression d'un univers qui nous donnerait exactement ce que nous voulons : quand c'est mûr, ça vient. Et si nous rencontrons des difficultés, c'est peut-être qu'il faut s'interroger sur ce qui, en nous, fait que ça bloque...

Par la suite, j'ai effectué de nouveaux voyages au Népal, au Cachemire, jusqu'aux contreforts du Tibet. J'ai parcouru le Rajasthan, les grottes d'Ellora, Ajanta, Elephanta, etc. J'ai visité une multitude de temples, rencontré quantité de gens. J'ai trouvé des êtres d'une grande profondeur humaine et morale, mais au fond pas meilleurs que ceux que je pouvais trouver en Occident. Je commençais à me demander pourquoi j'allais chercher un maître dans ces régions lointaines et dans ces religions exotiques. Certes, j'avais appris des leçons de vie importantes pour mon évolution, mais le sentiment dominant était plutôt une déception. J'étais parti chercher un maître, et je ne l'avais pas trouvé. Sous l'étoffe différente des cultures, nous étions les mêmes. Si ce maître existait vraiment, pourquoi alors le chercher en Orient plutôt qu'en Occident ?

Je me consolais en me disant qu'après tout, ces voyages avaient sans doute été nécessaires pour que j'en arrive à une telle conclusion. Probablement a-t-il fallu cet effort, ce pèlerinage en quelque sorte, pour que j'acquière les mérites, au sens ecclésiastique du terme, qui font que la vie, voyant ma sincérité et mon acharnement, se décide à m'envoyer quelqu'un. Si je n'avais pas connu cette déception, peut-être n'aurais-je pas été récompensé comme j'allais l'être ?

En 1976, en effet, je reçus la visite d'une psychologue américaine qui était venue en France parce qu'elle avait entendu parler de moi à Los Angeles. Elle savait que je soignais des psychotiques en appliquant des thérapies dites « émotionnelles », et elle avait envie d'en savoir plus sur cette expérience. Un jour, comme nous parlions de l'Inde, elle me dit avoir assisté aux États-Unis à une conférence d'un *siddah*, un sage indien, qui s'appelait Baba Muktananda. C'était l'homme qui l'avait le plus impressionnée par son « aura ». Il l'avait touchée et, au cours du séminaire, elle avait eu des visions de vies antérieures et aussi éprouvé une grande sensation de sérénité.

— Muktananda doit justement faire bientôt une conférence près de Paris, dans le couvent de Massabielle, m'apprit-elle.

Le jour de la conférence, j'ai exceptionnellement annulé mon groupe de thérapie et je me suis rendu à

Massabielle. Muktananda accordait une brève entrevue à un certain nombre de participants. Je pus me glisser parmi ceux-ci. Nous avions le droit de lui parler pendant cinq minutes. Puis la sonnerie d'un gros réveil venait signaler la fin de l'entretien.

Lorsque mon tour arriva, je pris place en face de Muktananda et je lui posai la question qui m'apparaissait alors comme la racine de tout :

— Pourquoi le « pourquoi » ?

D'une voix posée, il me répondit par ces quelques mots qui semblèrent tomber au plus profond de mon être comme une pierre dans un puits :

— À cause de deux.

La dualité, ou plutôt l'illusion de la dualité, comme source de notre angoisse... Muktananda, « Baba » pour ses disciples, m'ouvrait une voie que je n'aurais de cesse dès lors d'approfondir. L'illusion que l'Autre est différent et inaccessible, l'illusion que le monde nous est extérieur alors qu'il ne forme qu'un avec nous...

Je posai une deuxième question, qui découlait de la première :

— Pourquoi la peur ?

— Parce qu'on pense trop et mal...

La sonnerie stridente du réveil me sortit de ma contemplation. Mais au lieu de me remercier, je vis Baba remonter le réveil. J'avais obtenu cinq minutes de bonus. Nous poursuivîmes notre discussion.

Après la troisième sonnerie, Muktananda n'a plus remonté le réveil. Nous sommes restés à converser pendant une heure.

C'était la première fois que je parlais à quelqu'un à cent pour cent, la première fois que quelqu'un m'entendait à cent pour cent. La communication était totale, même s'il s'exprimait dans une langue indienne et que sa réponse me parvenait par le biais de son interprète. Je « percevais » qu'il comprenait parfaitement, totalement ce que je disais, et qu'il me répondait avec une clarté limpide. Chaque phrase descendait au plus profond de mon être comme lestée par un fil à plomb. J'étais totalement recentré. C'était ce que j'avais cherché toute ma vie. C'était là. J'étais dans la position d'un homme qui aurait longtemps douté de l'existence de l'eau et qu'on plonge soudain dans un bain d'eau claire.

Je remarquai qu'on faisait refluer les derniers visiteurs et qu'on fermait les portes. L'interprète me demanda alors :

— Est-ce que vous acceptez que le maître vous souffle dans les narines ?

J'étais assez éberlué par cette excentricité dont j'ignorais alors qu'elle figurait un souffle initiatique, mais, intrigué, je me prêtai à l'expérience.

Baba approcha donc son visage du mien et il souffla lentement dans ma direction. Je me sentis gonflé comme la voilure d'un bateau ! Il semblait m'insuffler son énergie, cette « *anima* » qui est à la fois l'esprit et le souffle de la vie. Je vécus alors un moment de bonheur incroyable. Chaque cellule de mon corps dansait de joie. Cela dura une éternité, je crus que j'allais exploser. Alors, Muktananda se retira, comme pour me faire l'ultime cadeau de me laisser cette joie pour moi seul. Le comble, toutefois, c'est que j'ai pris cet « état de grâce » comme un présent d'harmonie universelle extraordinaire, mais sans me douter une seconde que je venais d'être « initié » de la plus haute manière, ni que j'avais, en acceptant son souffle, pris Muktananda pour maître.

Par la suite, mon ignorance a donné lieu à des scènes plutôt comiques. Car j'ai repris mes voyages en Inde, m'obstinant à chercher un gourou que j'avais déjà trouvé. Je me présentais devant des grands maîtres et je leur disais dans quelles circonstances j'avais rencontré Muktananda. Ils se détournaient alors en disant qu'ils ne s'occuperaient plus de moi, puisque j'avais déjà un maître. Si un élève de Yehudi Menuhin va trouver David Oïstrakh, il est probable que celui-ci lui répondra qu'il n'a pas besoin de son enseignement, qu'il est déjà en de bonnes mains. Mais moi je me récriais, je trépignais :

— Mais je n'ai rien demandé !

— C'est comme ça, me répondaient-ils. Muktananda est votre gourou, nous n'y pouvons rien.

Je me souviens d'avoir piqué une rage folle lorsqu'un jeune yogi, bâti comme un colosse, m'aborda un jour en me disant, sans que je lui aie demandé quoi que ce soit :

— *Ah, ah ! Muktananda, do you know ?*

Il riait comme une baleine. C'était donc inscrit sur ma figure ? Je me retrouvais dans la position d'un homme qui aurait dit « oui » à la messe et se serait retrouvé marié pour la vie sans en avoir vraiment conscience. Mais quoi qu'il en soit, il fallait accepter les faits : ce gourou que j'avais cherché pendant des années à l'autre bout de la Terre, je l'avais trouvé à trente kilomètres de Paris ! Je cessai donc ma quête et je revins trouver Muktananda...

* * *

Vous pouvez faire un chemin tout autre, chercher Dieu, la transcendance ou simplement vous-même par des moyens très différents. Mais faites-le, ici encore, dans l'esprit de bonheur et non dans les délices suspectes de la mortification ! Que ce soit difficile n'implique pas que ce soit douloureux. Arriver à ce que la vie soit une suite de moments *vécus* n'est pas une lapalissade : tant de gens vivants ne « vivent » pas, ou si mal ! Profiter de tout ce que l'existence peut nous apporter et même nous enlever, voilà, à mon sens, le secret du bonheur.

La Dynamique Émotionnelle, appliquée à chacun d'entre nous, peut nous aider à parvenir à cette plénitude. Barricadés dans le passé et la répétition, les névrosés évitent de vivre. À l'issue de la thérapie, ils préféreront vivre avec les autres plutôt que de s'inventer un univers entier dans leur tête. Car la réalité, même difficile, même douloureuse, est toujours mille fois plus intéressante que le rêve. De plus, on n'a pas besoin de l'imaginer. C'est plus reposant et moins coûteux en énergie psychique.

Les patients étaient déprimés, ils voyaient leur vie comme un jour gris sans fin. Aujourd'hui, ils savent qu'après la pluie il y a le beau temps. Cela change tout. Cela signifie qu'une partie d'eux-mêmes est heureuse même quand ils sont malheureux.

Les patients s'aperçoivent qu'ils se faisaient une fausse idée du bonheur, conçu comme le ciel bleu à l'infini. En fait, le bonheur est plus coloré, plus nuancé, il n'empêche pas le chagrin, la tristesse. Parce que c'est la vie.

Le bonheur tout le temps est une idée fausse, répétons-le : c'est un enfer à l'envers. Le paradis obligatoire ? Quelle horreur !

Lorsqu'ils viennent me voir, les patients ne doutent pas de l'existence du bonheur, ils doutent seulement de leurs capacités à l'atteindre. Et c'est souvent leur quête désespérée du bonheur qui les rend malheureux.

Lors d'un de mes voyages en Inde, je me souviens d'avoir vu un jeune homme qui quittait l'ashram où il venait de séjourner quelques mois. Il a voulu prendre une photo de son maître devant la porte. Mais le maître a fait « non » en agitant les mains. Avec un sourire malicieux, le sage s'est emparé de l'appareil et c'est lui qui a pris son disciple en photo devant l'ashram. « Ce n'est pas en moi seulement, semblait-il dire au jeune homme, c'est aussi en vous. »

Ne cherchez plus le bonheur. Vivez-le, il est en vous ! C'est le propre de l'homme. Les animaux peuvent être gais, mais seul l'homme a conscience de cette gaieté et peut en jouir dans une relation de soi à soi. Laissez donc s'épanouir cette fleur d'humanité...

Conclusion

À L'AUBE DU IIIᵉ MILLÉNAIRE...

La parution de *La Thérapie du bonheur* en livre de poche me réjouit : elle multiplie les possibilités de diffusion des approches en émotionnel ; elle m'offre le plaisir d'y joindre un chapitre, partageant avec vous, lecteurs, quelques propositions théoriques qui illustrent les propos précédents et signent l'originalité de la Dynamique Émotionnelle.

La première édition de ce livre date de 1993. À l'époque, Marie-Pierrette Chambre et moi-même élaborions le manuscrit sur la « Dynamique Émotionnelle », en reprenant les concepts fondamentaux que j'énonçais dès 1981. Cet ouvrage de référence, essentiellement théorique, illustré par des vignettes cliniques, est paru en 1999.

Depuis, mon expérience, ma réflexion, ma pratique s'enrichissent des échanges avec les patients et mes pairs.

Et chaque jour, je m'émerveille : le bonheur est là.

Nous pouvons le vivre au présent. Mais, curieusement, il n'est pas garanti à vie. Évoluer dans le bonheur nécessite un travail psychique constant, un entraînement quotidien : le bonheur est vivant.

Aléas et vicissitudes de la vie nous amènent à inventer des réponses que, par inertie, nous avons tendance à pérenniser, sans tenir compte du mouvement de la vie. Nos attitudes affectives et mentales se sclérosent, se figent en habitudes... et nous « oublions » le bonheur, tout en le réclamant, bien sûr !

Car qui dit bonheur dit accord avec nous-mêmes et le monde, joie du mouvement, créativité, spontanéité...

Que s'est-il passé ?

L'homme est jeté dans la vie dans un état d'immaturité et de dépendance quasi totales. Il va apprendre à se repérer, à comprendre et à négocier avec son environnement grâce à cet outil — cette instance d'adaptation — que la psychologie a nommé « le Moi ».

Dans notre culture, le Moi occupe une place prépondérante mais il est identifié abusivement à la totalité de l'être et de la conscience.

Je pense que nous baignons dans un flux fondamental, véritable trame porteuse de l'univers, qui formerait la texture de toute chose. C'est peut-être aussi difficile à concevoir que l'eau pour le poisson. C'est pourtant une vision assez proche de ce que la physique actuelle semble mettre en évidence aux échelles les plus infimes de la matière. Ce flux s'écoulerait en permanence. Et ce que nous nommons « énergie » en serait une des manifestations. La texture de la vie psychique serait à l'image de ce flux subtil, géré et transformé par le Moi.

Le flux affectif serait la forme donnée au flux fondamental quand il passe à travers les grilles du Moi, par un jeu de contractions et de condensations ; l'affect serait la forme que prend le flux affectif quand il s'arrête par un effet du Moi.

Conclusion / 245

Qui dit flux dit écoulement, direction, courants, marées, berges. L'affect serait ce qui se manifeste du flux quand il y a une butée sur les rives du Moi. L'affect est une production continue. Il est là en permanence. Les contacts entre le flux affectif et les grilles du Moi l'orientent. L'affect, ce serait la réaction du flux affectif au contact d'un « objet ».

Cet objet peut être une sensation interne ou externe, comme il peut être un concept. La production ou l'apparition d'un affect correspond à un début d'adaptation par rapport à cet objet, à une mobilisation.

L'affect est pour nous l'élément affectif de base qui a les attributs du flux fondamental : c'est un vecteur d'énergie ; orienté par le Moi, il prend une direction.

Le Moi : en interrelation avec l'affect...

Le Moi : organe vivant et, comme tel, soumis à la loi du mouvement, du jeu relatif ; le Moi est par essence mobile. Ce n'est pas une structure définie *a priori*. Nous naissons avec un Moi en voie de maturation. Un Moi qui a les attributs intrinsèques du vivant.

Je comparerais le Moi à un diamant, ou encore à un prisme vivant animé de mouvements propres. Il jouerait à la lumière de la conscience qui le traverse, il la décomposerait et la recomposerait selon ses multiples facettes.

Tous les jeux de lumière sont possibles, tant qu'il garde cette possibilité de mouvement : il peut jouer simultanément et/ou successivement, sur plusieurs facettes, de la manifestation la plus concrète à la plus subtile.

À chaque facette correspondrait un rôle, une fonction, une position de l'être. Ainsi, une des facettes du Moi pourrait être d'incarner un rôle paternel, une autre d'être violoniste, ou savant, ou encore clown...

Instance d'adaptation, le Moi a pour fonction de gérer nos multiples expériences. Il les trie, les mémorise et tente de leur donner un sens : gestion selon des lois universelles et individuelles. Il établit des relations entre les données internes et externes, selon des grilles de repérage de plus en plus complexes, élaborées au fil des expériences et des apprentissages. Le monde ainsi ordonné devient « notre » univers.

Le Moi correspond à l'incarnation. Grâce à lui, le monde est cohérent, vivant. Sans lui, nous serions inertes, dans le coma, alors que la conscience peut encore exister dans cet état.

Cette gestion est apprentissage : le Moi mûrit, se développe, s'épanouit, s'expanse grâce à l'expérience, en interrelation avec les affects.

La psyché d'un enfant est malléable et dépend de son entourage. Sa thymie est solidaire des attitudes psychiques des environnements humain et non humain.

Nous observons en thérapie combien, par exemple, la restriction d'expériences émotionnelles dans la prime enfance limite le Moi, freine sa mobilité, donc son développement, entraînant un état de contraction quasi permanente — avec les effets : arrêt de la spontanéité, de la créativité ; rétrécissement du champ psychique, affectif et mental.

Le mouvement du Moi est bloqué, la libre circulation des affects et, ce faisant, leur développement sont interrompus.

Ainsi, les patients dont les parents ont mal vécu leurs premières manifestations émotionnelles ont peur de leurs propres émotions et ne les expriment en général qu'avec une extrême réticence ou, à l'opposé, une intense violence.

Notre éducation ne nous sensibilise pas à être

attentif à ce sentiment particulier « d'être » et de se sentir proche de soi, en accord ou non avec soi, de prendre le temps de se regarder agir, de s'écouter penser, de se parler, bref de rester en contact avec soi.

Le Moi, en tant qu'agent d'expérience et d'ordonnancement, procède par essais et erreurs, avec les aléas et les risques inhérents à l'expérimentation. Il s'agit d'ailleurs moins d'erreurs que d'essais manqués, inévitables, nécessaires et sources d'apprentissage. L'être humain a, dans ce domaine, des programmes libres, mais ses choix et son action dépendent de la maturation et de la mobilité de son Moi qui se trouve au cœur de tous ses apprentissages.

Je pense, en effet, que l'homme est un être d'apprentissage, un être d'expérience ; il peut commettre des atrocités qui ne sont pas l'effet d'instincts « dévoyés », mais la résultante d'un manque d'apprentissage, ou d'apprentissages incomplets, ou même perdus par un Moi immature et figé. Les qualités et les savoirs humains peuvent se perdre, s'évanouir dans le temps ou l'espace. L'humanité suppose un long apprentissage. Ce n'est pas un acquis génétique. Il faut stabiliser les acquis car nous sommes en risque permanent d'oubli, de retour à des positions immatures, de perte de conscience... Il s'agit de garder son Moi éveillé, afin qu'il conserve sa mobilité et ses possibilités d'épanouissement. La mobilité du Moi conditionne son bon fonctionnement.

Car le Moi mobile, c'est le Moi qui prend successivement différentes facettes ou formes d'identification et de fonctionnement sans rester figé sur une position. Il est en contact souple avec son environnement, sans adhérence ni fixité. C'est considérer que chaque espace, facette, volume du Moi n'est pas tout le Moi et encore moins la totalité du sujet. Quand le Moi s'identifie à une ou plusieurs fonctions ou positions intellectuelles ou affectives, une de ses différentes parties peut s'immobiliser, se « bloquer » sur cette identification, les autres niveaux restant plus ou moins mobiles. C'est comparable à une voiture dont le moteur resterait bloqué sur une vitesse, l'empêchant de rouler au maximum de son potentiel.

Il existe plusieurs formes d'identifications, qui peuvent être sources de limitation ou au contraire d'expansion. Certaines dynamisent l'apprentissage et préservent la mobilité du Moi. Par exemple, l'identification par imitation au contact d'un autre. Dans toute activité ou dans tout sport, le « débutant » observe le « confirmé », prend dans les gestes de ce dernier ceux qui lui conviennent, puis trouve ses propres gestes. C'est une identification qui grandit l'être au lieu de le diminuer. D'autres formes d'identifications, de type fusionnel, nous limitent. Dans ce cas, nous répétons les gestes de l'autre, sans avoir conscience de nos propres besoins, envies ou rythmes. Nous nous adaptons et collons en quelque sorte à ses gestes, à ses désirs, sans garder un espace de conscience et d'expérience libre pour nous. À ce moment-là, nous sommes dans la confusion, nous incluons l'autre en nous et nous dépendons désormais de cette partie de l'autre incluse en nous. Par le jeu de nos interprétations et de nos projections, nous pouvons d'ailleurs nous tromper et « imiter de travers », en prêtant à l'autre des intentions qui ne sont pas les siennes. Je parle alors de fausse identification.

Autre forme de confusion : une personne peut dire qu'elle est une femme, une mère, un top model, un cordon bleu ou un crack aux mots croisés... il s'agit toujours d'une identification partielle mais restrictive quand elle occupe tous les niveaux du Moi en verrouillant leurs articulations. Des attributs momentanés sont alors pris pour l'essence de l'être. Le Moi se prend pour le sujet — Je — et non plus l'agent de l'expérience, perdant sa capacité d'identification transitoire, donc sa flexibilité. C'est une des formes de la « viscosité » : l'interrelation Moi/Je perd toute souplesse.

Ainsi la façon dont nous exprimons nos sentiments contribue à accentuer la viscosité, à réduire la mobilité du Moi. « Quand je dis : "Je suis triste", je m'identifie à la tristesse. » Le Moi devient ce sentiment qu'il aurait dû contenir temporairement. L'être n'est plus sujet de l'expérience, il en est l'objet. Tandis que, « si je dis : "Je me sens triste", le sujet, "Je", énonce que le "Moi" fait l'expérience de ce sentiment ». Je et Moi restent en contact, chacun dans son propre mouvement. « Je suis sujet "expérientiel", et la "métabolisation" (travail psychique de transformation des affects en sentiments) du sentiment devient possible. »

L'enfant commence à parler de lui à la troisième personne, puis il dit « moi », puis « moi je ». Ensuite seulement, il dit « je ». Ce « je » est le signe d'une maturation de la conscience de soi. C'est l'expression de la conscience « secondaire ». Dire « je », pour lui, c'est avoir à travers les perceptions qu'il a de lui-même, qu'elles soient d'ordre physique ou psychique, le sentiment d'une existence qui lui appartient en propre, c'est percevoir qu'il est lui-même la source de ses propres besoins, envies et désirs.

Au début de cette maturation, ce sentiment d'un Je unique et différencié peut exister avant même de pouvoir être « parlé ». C'est la trace qu'une relation de Soi à Soi a pu s'établir, et cela grâce à la relation à l'autre, qui le nomme et lui permet de se différencier peu à peu de lui. La conscience réfléchie de soi permet alors de se nommer et de se reconnaître soi-même. Le « Je » que l'on dit alors à l'autre est le signe de sa propre reconnaissance. C'est pourquoi nous disons qu'il est du côté du symbolique.

Pour rester solidaire du Je, le Moi peut utiliser le contact avec les émotions, les sentiments, les affects, comme moyens de retour à l'équilibre et à la relation libre Moi/Je. En effet, quand le Moi, ou une partie du Moi, s'arrête, se bloque à un niveau, cette interruption de la relation Moi/Je fait surgir un affect, une émotion qui est en fait un signal ou un symptôme qui devrait nous alerter et nous permettre de rétablir cette relation consciemment, en interprétant l'affect en question. Mais comme le plus souvent nous trouvons cette interruption douloureuse, nous avons tendance à vouloir, en premier lieu, supprimer la douleur au lieu de la prendre comme signal. Nous laissons donc l'affect envahir tout le champ psychique au lieu de la contenir et de l'utiliser comme un moyen de retour à l'équilibre Moi/Je. Autrement dit, nous jetons le bébé avec l'eau du bain, l'affect avec la douleur, et nous agissons-là contre notre propre Moi. En fait, c'est la relation Moi/Je qui est interrompue.

Si nous apprenions à sentir d'abord le malaise annonciateur d'un blocage, nous pourrions devenir attentifs aux messages de nos affects. Tous les affects, émotions, sentiments sont des tentatives de retour vers soi, des façons de redonner au Moi sa mobilité, au Je sa place. En fait, ce seraient des métabolisations du sentiment d'amour de soi.

Les positions dites « névrotiques ou psychotiques » sont différents cas de dysfonctionnements du Moi quand les mécanismes de retour à soi sont dépassés.

Ainsi, se forment dans le Moi des nœuds d'interprétation de la réalité qui ont des effets perturbateurs.

On pourrait apprendre à repérer les signes avant-coureurs de ces dysfonctionnements, comme la fièvre nous signale le début d'une maladie. Encore faudrait-il accepter le malaise, comme la fièvre d'ailleurs. Un pédiatre me disait récemment qu'arrêter la fièvre avant qu'elle n'ait livré son message risquait d'empêcher la maladie latente de se manifester et d'être ainsi correctement soignée. Supprimer dès son apparition le malaise qui accompagne tout blocage du Moi a pour effet d'arrêter le travail de métabolisation des affects en sentiments épanouis.

L'originalité de la Dynamique Émotionnelle ? Aller au vif du malaise ; écouter d'emblée le message du symptôme ; réactiver la souffrance latente... mise en stand-by...

En thérapie, le patient s'exerce à repérer les « points d'accroche », blocages ou butées, qu'ils se traduisent par un malaise, une souffrance, un manque d'humour soudain, un rire immotivé, une grimace... Il apprend à conjuguer fonctionnement et conscience de soi. Le Moi se situe du côté du « fonctionnement », pas nécessairement conscient ; le sujet se situe du côté de la « conscience ». Il y a d'une part le Moi qui fait l'expérience, d'autre part le sujet, le Je, qui a conscience de faire l'expérience par l'intermédiaire du Moi. Nous passons de « C'est plus fort que moi » à « Tiens, moi, je fonctionne comme ça ». Un questionnnement se fait jour : « Pourquoi est-ce que j'agis comme ça ? Pourquoi moi ? Qui, moi ? » Autrement dit, nous sommes passés du débordement à l'interrogation, en prenant progressivement la position de sujet conscient de son Moi.

En séance, selon le matériau apporté spontanément

par le patient à ce moment-là — et repéré comme tel —, je propose l'approche qui me semble la plus propice à redonner au Moi toute sa mobilité : judo mental, affect accompagné, mantrathérapie, travail autour des équations mentales, etc.

Et je reste attentif : le patient est valorisé ; c'est lui qui est au cœur de SA thérapie. C'est lui le seul propriétaire de toutes ses productions, y compris les symptômes, et c'est avec son accord que nous approchons des zones douloureuses, à son rythme — même si je « tente » parfois de bousculer les défenses sclérosées...

Je vise la libération du Moi.

Le patient qui en retrouve la libre disposition joue avec toute la palette des positions psychiques. Il peut percevoir et adopter temporairement la position de l'autre sans quitter sa place de sujet. Il vit ses expériences avec le minimum d'adhérence et le maximum de contacts avec ses ressentis.

Il retrouve le jeu ; l'amusement, le rire deviennent possibles... et il se sent « unifié »... Il s'expanse.

Focaliser ainsi l'attention sur soi, sur ses ressentis, c'est ce que propose la Dynamique Émotionnelle : libérer le sentir ; retrouver le contact avec ce Moi profond qui nous guide et trace notre originalité.

En Dynamique Émotionnelle Exprimée, l'accent est mis sur le sentir dans tous les domaines : celui de la sensation, de l'émotion et du sentiment.

La lumière mise sur le sentir, le senti conscientisé, ouvre l'accès aux mémoires enfouies, occultées.

À ce titre, l'exercice de respirer est particulièrement intéressant, surtout pour des patients très « mentalisés », intellectualisés. Dans cette approche, le sujet reste centré et ouvert à l'expérience en cours, en position d'attention maximale à ce qui se passe pour lui. Je propose là une position artificielle de crise puisque le rythme respiratoire est accéléré : comme, par exemple, sous l'emprise de la peur ou d'une vive émotion. Mais là l'organisme est loin d'être en manque énergétique (stress) puisqu'il n'est pas sollicité par les défenses, les besoins et les réalités extérieures. Pas de défense également au niveau des fonctionnements musculaires. Pas de consommation enfin par le mental interprétatif. Le patient va accéder, de ce fait, à ses champs émotionnels mnésiques, avec la capacité retrouvée de confronter sa mémoire avec la conscience d'un sentir libéré. Il est disponible pour explorer une nouvelle position d'agir, qui est la position d'apprentissage, à savoir : prendre avec soi, pour soi et dans sa globalité l'expérience qui se présente, et découvrir d'autres formes d'agir en fonction des potentialités devenues conscientes.

On voit bien là que le temps du sentir fait partie de l'apprentissage. Et la jonction qui se fait entre la conscience, le senti, les banques de données expérientielles ouvre le champ de l'agir.

Nous sommes dans l'acte et non plus dans le réactif. Le sentir conscient libère l'agir. C'est l'arrêt de la répétition réactionnelle ou du réagir répétitif et défensif.

L'expression de soi devient plus libre. C'est un cheminement vers la conscience : on voit bien là que la Dynamique Émotionnelle Virtuelle est du côté de la conscience et non du côté du dressage ou du comportementalisme. C'est un frayage vers l'agir conscient.

Sentir en toute conscience, agir en conséquence, c'est se sentir en paix avec l'expérience. C'est la confiance en soi qui nous permet de rester centré dans les joies et les épreuves, heureux d'être celui qui vit ce qui lui arrive à ce moment-là.

Au cours du voyage thérapeutique, je note que de nombreux patients sont dans l'illusion d'une « vidange » possible des « mauvaises » expériences, des sentiments « négatifs », des « fautes », entretenant ainsi leur culpabilité... car la dualité bon/mauvais nourrit ce sentiment.

Libérer le sentir, l'agir, c'est expérimenter que toute expérience vécue est modifiable dans son versant représentatif, pour peu qu'on en modifie aussi l'interprétation, la coloration, le rythme, et que c'est notre interprétation qui en a fait une expérience négative ou positive. En prenant conscience de son unité, de son unicité, le patient « gagne » ainsi un surcroît d'expérience, de confiance en soi.

En Dynamique Émotionnelle, accompagné, le patient s'entraîne à faire confiance à ce Moi qui a souffert, lui a ouvert le champ d'expériences, certes douloureuses, mais dont il se sent acteur ; ce Moi qui n'est plus submergé par l'angoisse mais qui garde sa mobilité et continue de naviguer dans les tempêtes. Un Moi qui atteint le plein développement de son potentiel, un Moi qui donne Vie à ce dialogue intérieur, expression ultime de notre humanité et qui témoigne d'une harmonie possible entre les différentes instances psychiques — Moi, Je, Soi.

Ce faisant, je suis très attentif aux formes d'accompagnements thérapeutiques proposées ; en début de thérapie, le thérapeute accompagne le patient, puis il lui propose de l'accompagner, lui, le thérapeute-accompagnant. Le patient « apprend » ainsi à « accompagner », puis à s'accompagner. L'accompagnement du patient par lui-même signe souvent la fin du voyage thérapeutique : le patient est devenu son propre thérapeute.

Le sujet se manifeste alors comme Je unique et

forme la trame sur laquelle le Moi expérimente le monde et tisse pour chacun d'entre nous un motif singulier (*sujet* vient de *sub-jectum*, qui signifie « jeté dessous, subordonné à... »). Le sujet est donc ce qui supporte l'être — l'accès au sujet, au Je, étant subordonné au développement du Moi. C'est à travers le Moi que le Je est conscientisé : le Je fait l'expérience du monde à travers le Moi. « Quand je dis "Je" et que je suis sujet de ce Je, j'ai le sentiment que je suis unique et unifié. J'éprouve un sentiment d'identité. » C'est comme lorsque plusieurs voix s'unissent dans une harmonie telle que nous percevons un chant.

Et le bien-être d'être, d'être soi est le chemin du bonheur. Le bonheur : résultante de la connaissance de soi... Ou bien le bonheur : fine fleur de la conscience de soi... de la confiance en soi... de la reconnaissance de soi.

Et je n'ai jamais vu d'être heureux qui n'ait pas envie de partager son bonheur : le bonheur est contagieux, ne l'oublions pas et comme au début de ces pages... « si c'est ailleurs, c'est ici » !

Avec beaucoup de respect, à vous, cher lecteur que je rencontre dans cet ouvrage, mon semblable à qui je souhaite que ces pages apportent des points de repère et des lignes de forces sur la carte de sa vie.

IMPRIMÉ EN ESPAGNE PAR LIBERDÚPLEX (Barcelone)

pour le compte des
Nouvelles Éditions Marabout
D.L. n° 79263 - décembre 2006
ISBN : 978-2-501-05261-0
40-8843-1/01